Sommaire

Introduction

« Tu me racontes une histoire ? »

C'est la prière que nous adressent chaque soir les enfants dans leur lit. Elle fait partie de ce petit rituel qui leur permet de conclure en douceur la journée, de se détendre etde se préparer à entrer dans le monde des rêves.

Et pour accompagner ce délicat voyage ils ont besoin de contes pleins d'aventures et de personnages inoubliables, d'émotions et de magie, mais également apaisants et relaxants. Les fables de ce livre ne contiennent donc pas de moments de frayeurs, petites ou grandes soient-elles, ni de passages tristes.

Ces histoires ont toutes la particularité d'être brèves : leur lecture dure environ cinq minutes, le temps idéal pour ne pas repousser à trop tard le moment de clore les petites paupières.

De parfaits récits pour bercer les petits et leur offrir, soir après soir, de beaux rêves bien mérités !

La jarre remplie d'or

Il était une fois un brave paysan qui vivait dans un village de montagne avec ses trois fils. Ces derniers passaient leurs journées à paresser, ne faisant rien du matin au soir. Leur père, lui, travaillait durement de l'aube au coucher du soleil, jusqu'au jour où, malheureusement, il tomba malade. Les champs furent abandonnés à eux-mêmes, si bien que la terre devint horriblement sèche et envahie de mauvaises herbes.
« Qu'allons-nous devenir ? se lamenta un des frères.
– Qui va cultiver la terre ? s'inquiéta un autre, hébété.
– Qu'allons-nous manger ? » gémit le troisième, désespéré.
Sur son lit de mort, le paysan réunit ses enfants et leur révéla qu'il avait enterré quelque part une jarre remplie d'or. « Cherchez bien dans le terrain que je vous laisse, creusez-en chaque centimètre et vous serez riches ! »
Les trois gaillards se mirent aussitôt à la tâche et bêchèrent la terre des jours durant. Arrivés à la moitié du champ sans avoir rien déniché, l'aîné suggéra de labourer le reste du terrain, où, là non plus, ils ne trouvèrent aucune trace de jarre.
« Cultivons la terre ! s'enhardit le cadet. » C'est ainsi qu'ils l'ensemencèrent, l'irriguèrent et récoltèrent le blé.
« Pourquoi ne pas vendre un peu de notre moisson au marché ? », proposa le benjamin. Ainsi, grâce à leur travail, ils gagnèrent une importante somme d'argent et comprirent alors la leçon de leur père : ce n'est qu'en travaillant durement qu'on obtient de précieux résultats, voilà ce qu'il voulait leur enseigner !
Dès lors, les trois frères retroussèrent leurs manches et devinrent d'excellents paysans, comme leur père.

Le chat botté

Un vieux meunier légua à ses enfants l'ensemble de ses biens : l'aîné hérita du moulin, le cadet de son âne, et le dernier de son chat. En lisant la déception sur le visage de son jeune maître, l'animal se mit soudainement à parler : « Fais-moi confiance, je vais faire de toi un homme riche. Tout ce dont j'ai besoin, c'est un sac et une paire de bottes. » Quand il eut obtenu ce qu'il avait demandé, le chat chaussa ses bottes et enfila une poule dans son cabas pour s'en aller l'offrir au roi de la part du marquis de Carabas. Le souverain le remercia et le pria de lui raconter qui était son mystérieux maître. Sans se faire prier, le chat se lança dans un long éloge des qualités et richesses de ce dernier, puis exécuta une grande révérence avant de prendre congé. Quelques jours plus tard, le roi et sa fille sortirent se promener en carrosse. Le chat les attendait et, après avoir persuadé son maître de se lancer dans la rivière, il arrêta la voiture royale pour demander secours : « Le marquis de Carabas vient d'être dérobé et jeté à l'eau ! Pouvez-vous lui venir en aide, Majesté, et l'accueillir à bord de votre carrosse ? » Curieux de connaître ce noble dont il avait tant entendu parler, le roi secourut volontiers le jeune homme. Le mystérieux marquis était particulièrement séduisant et plut énormément à la princesse, dont la beauté n'échappa pas non plus au jeune rescapé. Le chat pria alors le souverain de bien vouloir venir dîner au palais du marquis, tout en jetant un éloquent coup d'œil à ce dernier, interloqué. Il s'empressa aussitôt de rejoindre au plus vite le château du redoutable ogre qui régnait dans la région. Alors qu'il franchissait le pont-levis, une terrible voix l'arrêta : « Qui es-tu ? Comment oses-tu entrer dans mon château ? Tu en paieras de ta vie ! » Le chat ne se laissa pas impressionner et, sur un ton de défi, lui lança : « On raconte que tu es un grand sorcier, mais je parie que tu n'es même pas capable de te transformer en un tout petit animal comme une souris.

– Ah ah ah, tu veux rire ? C'est un jeu d'enfant ! »
Et en un clin d'œil, le colosse prit l'apparence d'un minuscule rongeur, dont le chat ne fit qu'une bouchée. Au même instant, le carrosse du roi entrait dans le château, et notre compère accourut aussitôt pour l'accueillir. « Bienvenue Majesté, dans le palais du marquis de Carabas ! » Le roi, stupéfait par l'élégance et la richesse des lieux, et conquis par la personnalité du jeune homme, dont sa fille était tombée amoureuse, approuva leur mariage avec joie. Et le chat ? Il quitta ses inconfortables bottes et passa ses journées à se prélasser sur de moelleux coussins, tout en se délectant de grands bols de crème fraîche.

– D'accord ! Mais maintenant rends-moi ma balle ! » supplia-t-elle.
Le petit animal plongea dans l'eau puis lança l'objet sur l'herbe. Toute en joie, la princesse s'empressa de rentrer au château. « Attends, prends-moi dans tes bras, je ne peux pas aller aussi vite que toi ! » s'écria la grenouille. Mais la jeune fille était déjà loin, et oublia vite l'animal.
Le jour suivant, alors qu'elle était à table avec son père, quelqu'un vint frapper à la porte. « Ouvre-moi, princesse ! », s'écria une voix rocailleuse. C'était la grenouille ! La fille du roi lui ferma la porte au nez et s'en retourna à table, toute tremblante. « Qu'as-tu, ma fille ? l'interrogea son père.
– Il y a une grenouille peu ragoûtante dehors, elle m'a aidée hier à récupérer ma balle qui était tombée dans la fontaine. En échange, je lui ai promis qu'elle pouvait rester avec moi ! »
Entre-temps, la grenouille insistait dehors : « Princesse, ouvre-moi ! » Le roi déclara alors : « Les promesses doivent être respectées ! Fais-la entrer ! » L'animal fut donc convié à table, où il mangea dans l'assiette de la jeune fille. « Je suis rassasié et je suis fatigué, j'aimerais aller me coucher maintenant ! » La princesse éclata en sanglots, c'en était trop, elle ne pouvait se résigner à toucher la grenouille. Mais le roi la gronda une nouvelle fois, lui rappelant qu'elle ne pouvait mépriser quelqu'un qui lui était venu en aide quand elle en avait eu besoin.
Au moment de dormir, la grenouille prit place sur le coussin près de la princesse, horrifiée à l'idée de passer la nuit aux côtés d'un hôte si répugnant. Le lendemain matin la bestiole lui demanda un baiser, après quoi elle disparaîtrait à jamais de sa vie. Faisant fi de son dégoût, la jeune fille prit l'animal entre les mains et déposa un petit baiser sur sa peau. La grenouille se transforma par magie en un charmant prince qui raconta qu'une méchante fée lui avait jeté un sort que seul le baiser d'une princesse pouvait briser.
Le jeune homme demanda alors au roi la main de sa fille : le jour suivant, huit chevaux blancs coiffés d'un beau panache emmenaient les deux amoureux au château du prince, où ils vécurent pour toujours heureux.

Le gant du vieil homme

Par un jour de froid glacial, la neige tombait à gros flocons. Un vieil homme, qui traversait la forêt à bord de son chariot, laissa tomber l'un de ses gants.

Une souris s'en approcha et, tout en se faufilant à l'intérieur, elle s'exclama, heureuse :

« J'ai trouvé une maison ! »

Peu après apparut une grenouille, qui demanda : « Qui habite là ?

- Une souris. Et toi ? Qui es-tu ?

- Une grenouille. Je peux entrer ?

- Viens ! »

Mais voici qu'un lapin approcha, à son tour, et demanda : « Qui habite là ?

- Une souris et une grenouille. Qui es-tu ? répondirent en cœur les nouveaux occupants.

- Un lapin, je peux rentrer pour me réchauffer ?

- D'accord, tu peux venir », l'invitèrent les deux compères. »

Vint ensuite un renard qui s'enquit aussitôt, lui aussi, de savoir qui occupait le gant, pour y pénétrer finalement à son tour ! Puis, sortant des buissons, apparurent l'un après l'autre un loup et un sanglier. Le gant était tellement bondé que plus personne ne pouvait bouger ! Quand soudain, dans le silence de la forêt, un ours pointa son museau :

« Qui habite donc ici ? demanda-t-il de sa voix profonde.

– Une souris, une grenouille, un lapin, un renard, un loup et un sanglier, répondit la maisonnée.

– Oh, oh, oh ! N'êtes-vous pas un peu trop nombreux ?

– Et toi ? Qui es-tu ?

– Un ours. Je peux entrer, moi aussi ?

– Comment ? Il n'y a plus de place !

– Oh, il suffit de vous serrer un peu !

– Bon d'accord, mais promets-nous de te faire tout petit. »

C'est ainsi que le gant abrita pas moins de sept animaux. Il était tellement gonflé qu'on aurait dit un ballon. Entre-temps, notre vieil homme, qui ne trouvait plus son gant, avait rebroussé chemin. Lorsqu'il l'aperçut qui bougeait et remuait d'une étrange façon, son chien se mit à aboyer : « Ouaf ! Ouaf ! Ouaf ! » L'homme n'en croyait pas ses yeux : pêle-mêle, il vit le museau de la souris, la queue du renard, le bout d'une oreille, un morceau de fourrure et... de reluisantes canines pointues ! Effrayé par l'arrivée du vieillard, tout le monde décampa aussitôt dans les bois. L'homme récupéra son gant puis s'en retourna chez lui.

Les onze cygnes

Il était une fois un roi qui avait onze fils et une fille. Son épouse bien-aimée avait quitté ce monde, aussi décida-t-il que le moment était venu de se remarier. Mais ce qu'il ne savait pas, c'est que l'heureuse élue était en réalité une sorcière !
Comme les enfants la détestaient, la nouvelle reine s'ingénia à les éloigner du palais : la princesse fut envoyée dans un lointain château comme domestique, tandis que ses frères furent transformés en cygnes, ne revêtant leur aspect humain qu'à la tombée de la nuit et pour quelques heures seulement.
Quand, un an plus tard, la jeune fille rentra au château et ne trouva pas ses frères tant aimés, elle plongea dans un profond désarroi. Désespérée, elle erra des jours entiers à travers les bois, la forêt, les montagnes et les plaines.
Un jour, elle aperçut une cabane où une vieille femme filait : « Chère madame, avez-vous vu passer par ici onze jeunes hommes ? Ce sont mes frères, dont je n'ai plus de nouvelles depuis si longtemps !
– J'ai seulement vu onze splendides cygnes qui se baignaient dans l'étang, non loin d'ici. »
La princesse se hâta de rejoindre les rives du plan d'eau où se tenaient effectivement onze magnifiques cygnes. Elle se mit à les observer, tout en s'épanchant sur son triste sort, et sans même se rendre compte que la nuit tombait. Les onze oiseaux se transformèrent alors sous ses yeux incrédules, prenant les traits de ses frères. Fous de joie, ils embrassèrent leur sœur, rirent et pleurèrent tous ensemble.

Les princes racontèrent alors que la reine leur avait jeté un sort pour les éloigner de leur père. La jeune fille demanda de l'aide à la gentille sorcière de la forêt, qui n'avait malheureusement aucun pouvoir pour briser les maléfices. Elle parvint toutefois à l'aider : « L'unique solution, c'est que tu te rendes dans un pré enchanté, non loin d'ici, où tu ramasseras des chardons. Puis tu les tisseras pour en faire des chemises destinées à tes frères. Mais c'est un secret, ne dis rien à personne ! »
La jeune fille se rendit alors dans le pré et commença à cueillir les chardons, malgré les blessures que les épines infligeaient à ses mains.
Un jour, alors qu'elle était en train de tisser, un beau prince approcha et, tombant littéralement amoureux d'elle, l'emmena dans son château. Les deux jeunes gens se marièrent, mais la princesse ne cessa de filer ses chardons, poursuivant sa mission pour briser le cruel sortilège dont ses frères étaient victimes. Hélas, la mère du prince était une sorcière malveillante, qui plus est amie de sa belle-mère, et elle décida de faire de sa vie un enfer. Quand le prince partit pour un long voyage, notre héroïne donna naissance

à d'adorables jumeaux, que la reine transforma en deux horribles araignées, accusant leur mère de l'abominable crime : « C'est de ta faute ! Tu es une sorcière maléfique et tes chardons sont ensorcelés. » La reine exigea alors que la princesse soit condamnée au bûcher sur la place publique. La jeune fille ne cessa pour autant de tisser les chemises avec le fil obtenu à partir des plantes.
Le jour de l'exécution arriva, la princesse se tenait sur le grand bûcher et l'on s'apprêtait à allumer la flamme, quand des battements d'ailes se firent soudainement entendre, précédant la venue de onze somptueux cygnes. La jeune condamnée lança aussitôt sur chacun d'eux les côtes de mailles qu'elle avait soigneusement cousues, redonnant ainsi à ses frères leur aspect réel. Elle ne put, hélas, terminer la seconde manche de l'une d'entre elles, et son plus jeune frère dut se contenter d'une aile de cygne d'un côté et d'un bras de l'autre. La fratrie put enfin raconter toute son histoire et faire libérer la princesse.
Et les deux méchantes sorcières ? Elles s'enfuirent sans demander leur reste, tandis que les jeunes gens instaurèrent, dès lors, bonté et justice dans leurs royaumes.

Le vilain petit canard

Par une belle et chaude journée d'été, maman cane attendait l'éclosion des œufs qu'elle avait patiemment et amoureusement couvés. Les coquilles s'animèrent soudain toutes ensemble, laissant sortir de petits canetons intrépides qui se mirent à regarder autour d'eux avec curiosité. Seul un œuf, le plus gros, ne s'était pas encore ouvert, aussi notre cane se remit-elle à le couver. Quand il se brisa enfin, il laissa apparaître un canard anormalement gros ! « J'espère que ce n'est pas un dindon ! » pensa la mère, inquiète. Elle réunit sa portée pour la mener au canal, où elle entra, suivie de chacun de ses petits qui s'aventurèrent dans l'eau, plongeant et nageant sans problème, y compris le dernier-né. Rassurée, la maman en conclut que ce ne pouvait être un dindon !
Après ce premier bain, ils regagnèrent la rive et se dirigèrent vers un poulailler, où se tenaient d'autres canards en compagnie de leurs petits. Les nouveaux venus suscitèrent une certaine curiosité, le dernier né, en particulier, ne fut pas épargné par des commentaires malveillants et offensifs. « Regardez, comme il est gros ! Et qu'il est laid ! », se moquait-on. Sa mère le caressa, le rassura, mais personne ne voulut rester à ses côtés, et notre petit canard se retrouva rapidement bien seul et triste.
Plus les jours passaient, plus la situation empirait, et même ses frères l'évitaient désormais. Le caneton décida alors de quitter le poulailler et s'aventura jusqu'à un grand marais où vivaient des canards sauvages. Mais là non plus il ne se sentit pas vraiment

en sécurité : la période de chasse avait commencé et l'endroit n'était pas sûr. Il parvint jusqu'à une modeste ferme, où l'accueil ne fut pas des meilleurs. Et puis les points d'eau y manquaient.
Notre caneton se remit alors à la recherche d'un endroit où il se sentirait bien et serait accepté pour ce qu'il était, mais partout on se moquait de son air disgracieux et pataud, et il finissait par rester à l'écart, en proie à de tristes pensées.
Un soir d'automne, le petit canard aperçut de magnifiques oiseaux blancs qui s'élevaient dans le ciel : ils avaient de grandes ailes et un long cou. Comme il aurait aimé leur ressembler !
L'hiver fut rude et solitaire, mais le printemps arriva enfin. Et dans le petit canard, quelque chose avait changé : ses ailes, plus fortes et robustes, le soutenaient naturellement. Non loin, trois splendides cygnes au plumage blanc volèrent délicatement puis se posèrent sur les eaux du canal, nageant avec élégance. Notre canard décida de se joindre à eux, espérant ne pas être aussitôt chassé à coups de bec. D'un rapide coup d'aile, il s'élança vers eux, s'attendant au pire. Mais tandis que son regard se portait à la surface de l'eau, il aperçut son reflet : il n'était plus un vilain et gauche petit canard, mais un splendide cygne ! D'autres cygnes nageaient autour de lui tout en le caressant de leur bec pour l'accueillir. Il avait enfin trouvé un endroit où personne ne l'aurait plus jamais raillé ni maltraité !

Aurore

Il était une fois un roi et une reine d'un lointain pays qui rêvaient plus que tout d'avoir un enfant. Un jour où la souveraine se baignait, une crevette vint lui annoncer qu'elle deviendrait bientôt mère. Et une magnifique petite fille naquit au printemps.
Pour célébrer sa naissance, ses parents organisèrent une somptueuse fête à laquelle ils convièrent les sept fées du royaume, omettant toutefois d'inviter la vieille fée de la montagne, qui vivait retirée dans une grotte où elle pratiquait la magie noire. Au cours de la cérémonie, les invités approchèrent du berceau pour présenter leurs cadeaux. Vint le tour des bonnes fées, qui offrirent à Aurore les dons les plus précieux tout en lui assurant les meilleures vertus. Mais lorsque la dernière était sur le point de lui faire don du bonheur, les portes du château s'ouvrirent dans une rafale de vent : un épais nuage de fumée noire envahit le salon, où apparut la vieille sorcière de la montagne, furieuse de ne pas avoir été invitée. « Je suis une fée aux pouvoirs bien plus grands que ces petites marraines, et je ne supporte pas qu'on m'ignore !
– Je regrette de vous avoir offensée, déclara le roi. J'espère que vous saurez nous pardonner.
– Certainement, Majesté, mais uniquement si je peux faire, moi aussi, un don à la petite princesse ! Dans sa dix-huitième année, elle se piquera le doigt sur un fuseau et en mourra ! » décréta la sorcière avant de disparaître, laissant les souverains affolés.

La plus jeune fée, qui avait été interrompue par l'arrivée de la sorcière, prit la parole : « Mes pouvoirs ne suffisent pas à déjouer la malédiction, mais je peux utiliser mon don pour atténuer la vengeance de la sorcière : en se piquant le doigt avec le fuseau, Aurore ne mourra pas mais tombera, avec toute la cour, dans un sommeil de cent ans, et seul un baiser d'amour véritable pourra la réveiller. » Les souverains furent soulagés, mais donnèrent tout de même l'ordre de brûler tous les fuseaux du royaume.
La princesse devint une splendide jeune fille, aimable et radieuse. Mais le jour où la cour s'apprêtait à célébrer une grande fête pour son dix-huitième anniversaire, Aurore, qui s'ennuyait un peu, décida d'aller explorer une grande tour. Arrivée en haut d'un escalier, elle découvrit dans une petite pièce une vieille femme qui filait. « Qu'est-ce donc ? s'enquit la jeune fille.
– C'est un fuseau, princesse. Voulez-vous essayer ? »
Mais en saisissant l'objet, Aurore se piqua le doigt : elle ressentit aussitôt une grande fatigue, et la dernière chose qu'elle entendit fut le rire de la vieille femme qui prenait

les traits de la sorcière de la montagne tandis que la princesse et la cour tout entière tombaient dans un profond sommeil. Peu à peu, le château disparut sous une épaisse forêt de ronces. Au fil des ans, la légende de la princesse endormie se répandit, mais aucun prétendant ne parvint à franchir l'impénétrable haie de ronces.

Arriva un jour où un prince, qui avait entendu parler de la légende du château hanté, tenta à son tour l'exploit, sans savoir qu'à cette même date s'écoulaient précisément cent ans, comme le voulait le sortilège. Lorsqu'il approcha de la haie, de magnifiques fleurs s'écartèrent aussitôt sur son passage, lui frayant un chemin pour pénétrer dans le palais. Il traversa de grands salons où tout le monde dormait au sol, et parvint jusqu'à la tour où reposait la belle princesse. Ému, il se pencha et effleura ses lèvres d'un baiser. Les paupières d'Aurore tressaillirent soudainement, puis elle ouvrit les yeux, se réveillant de son profond sommeil et, avec elle, la cour entière. De grands festoiements se succédèrent longtemps pour célébrer la fin de la malédiction qui pesait sur le château ainsi que les noces d'Aurore et du prince.

Dame Hiver

Une veuve avait deux filles, l'une jolie et travailleuse, l'autre laide et paresseuse. C'était à la seconde, sa propre fille, qu'elle donnait sa préférence, réservant à la première toutes les tâches les plus pénibles, la contraignant notamment à filer tant et tant que ses doigts en saignaient. Un jour, la quenouille de la jeune fille lui échappa des mains et tomba dans la fontaine où elle était venue nettoyer ses plaies. Elle courut en larmes auprès de sa marâtre qui la réprimanda aussitôt : « Puisque tu as laissé tomber ta quenouille, va la chercher ! » La demoiselle retourna à la fontaine et y sauta à pieds joints. Elle se retrouva soudain au milieu d'un vaste champ couvert de fleurs. Non loin, elle aperçut un four, d'où s'échappait la voix désespérée du pain qui lui demandait de le sortir pour ne pas brûler. Ce qu'elle fit avant d'apercevoir un pommier rempli de fruits qui criaient : « Secoue les branches ! Nous, les pommes, nous sommes mûres ! » La jeune fille agita le feuillage jusqu'à ce qu'elles fussent toutes tombées au sol, puis reprit son chemin. Elle arriva près d'une petite maison habitée par une vielle dame qui avait de si longues dents que l'enfant prit peur. Mais la femme la rassura : « N'aie pas peur, reste avec moi, si tu fais bien ton travail et garde la maison en ordre, tout n'ira que mieux pour toi. Tu dois veiller à bien faire mon lit et à secouer soigneusement l'édredon pour en faire voler les plumes, comme ça sur terre il neigera. Moi, je suis Dame Hiver ! » La jeune fille accepta et resta chez la femme un certain temps : elle y menait bonne vie et était sereine, mais elle avait le mal du pays. Quand elle s'en ouvrit à Dame Hiver, celle-ci lui répondit : « Je te comprends, et puisque tu m'as servie si fidèlement, je vais te ramener moi-même chez toi. » Elle la conduisit alors jusqu'à un grand portail sous lequel se mit à tomber une pluie d'or qui recouvrit entièrement sa protégée. « Tu l'as bien mérité ! », déclara Dame Hiver en lui rendant la quenouille qui était tombée dans la fontaine.

À peine eut-elle mis le pied dans la cour, que le coq chanta : « Cocorico ! Cocorico ! La demoiselle d'or est rentrée ! »

Quand la jeune fille se présenta couverte d'or devant sa mère, celle-ci voulut à tout prix savoir comment elle s'était enrichie de la sorte. Après l'avoir écoutée, elle n'eut plus qu'une idée : son autre fille devait à tout prix saisir, elle aussi, sa chance. La jeune paresseuse se mit ainsi à filer, fit tomber sa quenouille dans l'eau, puis sauta à son tour dans la fontaine. Comme sa sœur, elle se retrouva dans un pré fleuri et emprunta le même chemin. Arrivée devant le four, elle ignora les cris du pain, de même que les appels des pommes. Elle parvint à la maison de Dame Hiver, et se mit aussitôt à son service. Le premier jour elle se montra particulièrement zélée, puis elle commença à paresser et à traîner : elle se levait tard le matin, ne faisait pas le lit de la vieille femme comme il fallait, négligeant de secouer l'édredon et de faire voler les plumes. La femme ne tarda pas à se lasser et lui donna congé. Elle la conduisit sous le grand portail mais, au lieu de faire tomber de l'or, elle fit déverser un chaudron de poix : « Voici la récompense que tu mérites », lui dit-elle en refermant le portail. La jeune fille rentra couverte de la tête aux pieds de ce mélange poisseux et de toute sa vie ne réussit à s'en défaire. Et quand il la vit rentrer, le coq chanta : « Cocorico ! Notre souillon est de retour ! »

Les musiciens de Brême

Un vieil âne, qui avait travaillé toute sa vie harnaché à une charrue, décida de s'enfuir quand il comprit que son maître le trouvait trop vieux et voulait se débarrasser de lui.
« Je vais aller à Brême, c'est une ville d'artistes où je vais enfin pouvoir couronner mon rêve de devenir musicien ! », pensa-t-il.
En route, un vieux chien le dépassa en courant, puis s'arrêta, haletant, sur le bord de la route. « Pourquoi cours-tu ? Où vas-tu ? lui demanda l'âne.
– Je ne sais pas, je me suis enfui car mon maître me trouve trop vieux et il veut se séparer de moi.
– Viens avec moi à Brême, nous jouerons de la musique et chanterons ! »
Peu de temps après, les deux amis rencontrèrent un chat et un coq : le premier n'était plus très doué pour attraper les souris, et le second chantait toujours trop tard. Les quatre compères convinrent que Brême était vraiment la ville qui leur fallait, et ils se remirent en chemin tout en chantonnant. Ils poursuivirent leur route quelques heures encore mais leur destination était encore loin et, la fatigue et la faim les gagnant, ils décidèrent de

faire halte près d'une maison d'où s'échappait une délicieuse odeur de rôti. Sans faire de bruit, ils approchèrent de la fenêtre et regardèrent à l'intérieur, stupéfaits : du pain, des fromages de toutes sortes, des jambons et une énorme charlotte aux fruits des bois trônaient sur la table, où s'empiffraient quatre brigands.
« Et si on leur demandait l'hospitalité ? se risqua le coq.
– Tu rigoles ? répondit le chien. Je connais ces types, je les ai chassés des terres de mon maître plus d'une fois, mais je suis trop vieux maintenant, je ne parviendrais même pas à attraper un de leurs mollets ! » Alors le chat échafauda un plan qu'il exposa à ses amis : tout doucement, l'âne posa ses pattes avant sur le rebord de la fenêtre, le chien monta sur son dos, le chat sauta à son tour sur le chien, et enfin le coq vint se poser sur la tête du félin. L'âne fit alors signe à tous, et nos musiciens entamèrent leur premier concert ! Le chat miaula, l'âne braya, le chien aboya et le coq fit un tel vacarme que les brigands se sauvèrent à toute vitesse, terrorisés. Les quatre compères ne se firent pas prier pour entrer et s'installer à table : on raconte même qu'ils sont toujours là-bas à festoyer !

Le fils du roi d'Irlande

Un jour d'hiver, le fils aîné du roi d'Irlande se promenait dans les bois. Le sol était couvert de neige. En passant près d'un buisson de ronces, le jeune homme se blessa au doigt et des gouttes de sang tombèrent sur le blanc manteau neigeux, non loin d'une plume abandonnée par un corbeau. Vint alors à l'esprit du prince de se mettre en quête d'une jeune fille aux cheveux noirs comme les ailes du corbeau, à la peau blanche comme la neige et aux lèvres rouges comme le sang. Il se mit ainsi en route et, dans un lointain village, rencontra une famille qui pleurait la mort du père : ils étaient si pauvres qu'ils n'avaient pas les moyens de payer un modeste enterrement, aussi le jeune prince se chargea-t-il d'en régler les frais. Il rencontra plus loin un nain menacé par un énorme rapace et le sauva. Le nain entra alors à son service, en échange de quoi il demanda à recevoir le premier baiser de la future épouse du prince, quand il la trouverait. Ils croisèrent en route un chasseur, armé d'un fusil. Le nain suggéra au prince de le prendre à son service en échange d'un morceau de terre sur lequel il construirait sa maison.
Le prince accepta. Un peu plus loin, ils rencontrèrent un homme allongé à terre, l'oreille collée au sol. Le nain suggéra à nouveau au prince de le prendre à son service en échange d'un peu de terre pour sa maison, et le prince accepta. En poursuivant leur route, ils firent la connaissance d'un homme capable de faire tourner les ailes d'un moulin rien qu'en soufflant dessus, et une fois encore le prince consentit à le faire travailler pour lui. Pour finir, ils rencontrèrent un homme qui coupait du bois avec un seul pied. Le nain persuada le prince de l'emmener avec eux, lui promettant en échange un bout de terrain. Ils arrivèrent enfin dans un village, dominé par un inquiétant château : ils apprirent qu'il appartenait à un géant qui y gardait prisonnière une ravissante princesse, à la peau

blanche comme neige, aux cheveux noirs de corbeau et aux lèvres rouge sang. Bien décidé à la libérer, le prince frappa à la porte du château. Le géant lui répondit qu'il pourrait emmener la princesse s'il parvenait à accomplir les épreuves auxquelles il le soumettrait, faute de quoi il mourrait. Il le plaça, pour commencer, devant trois cibles qui bougeaient constamment et lui demanda d'atteindre le centre de chacune d'elle. Le chasseur s'avança avec son fusil et n'eut aucune difficulté à exécuter un tel exploit. Le géant demanda alors : « Mets-toi par terre et dis-moi ce que racontent les fourmis ! » L'homme qu'ils avaient trouvé l'oreille collée au sol rapporta chacune de leurs paroles. La deuxième épreuve était surmontée. Le géant demanda encore : « Sème toutes ces graines d'un seul souffle ! » L'homme qui savait faire tourner les ailes d'un moulin se chargea du travail. Le géant conduisit alors le prince dans la forêt et lui ordonna : « Coupe tous ces arbres en une demi-heure ! » L'homme qui coupait le bois avec un seul pied résolut le problème en un rien de temps. Le géant dut alors se résigner et déclara : « Tu as gagné, tu peux aller embrasser la princesse ! » Mais le nain rappela au prince sa promesse, et ce fut donc lui qui eut l'honneur de recevoir le premier baiser de la jeune fille. Assise sur un magnifique trône, elle était entourée de serpents venimeux. Le nain les supprima tous puis fit entrer le prince. « Merci de ton aide, déclara le prince.
– C'est à moi de te remercier, répondit le nain. Je suis l'ange gardien de la famille que tu as aidée en payant l'enterrement de leur père, et j'ai voulu récompenser ta générosité. Je te souhaite beaucoup de bonheur. » Le prince d'Irlande rentra alors chez lui aux côtés de la belle princesse, ils se marièrent et vécurent heureux. Et le nain ? Il devint l'ange gardien de son nouveau bienfaiteur.

Aladin

Dans une lointaine ville d'Arabie vivait Aladin, un jeune homme têtu et rebelle. Un jour, tandis qu'il se promenait au marché accompagné de son inséparable singe, il se heurta à un étranger. Il s'agissait, en réalité, d'un sorcier venu en ville dans le but de rencontrer précisément Aladin, car lui seul pouvait l'aider. Promettant de faire de lui un homme riche, le magicien demanda au garçon de l'accompagner à la montagne aux Esprits, par-delà le désert. Après une journée de marche, ils arrivèrent au pied de la montagne, où se trouvait une grotte. Le sorcier ordonna alors : « Aladin, entre et ramène-moi la lampe que tu trouveras cachée dans un renfoncement. » Le garçon sauta dans les profondeurs de la cavité, trouva l'objet et remonta vers l'entrée de la grotte, où l'homme l'attendait.
« Donne-moi la lampe , s'impatienta aussitôt celui-ci.
– Je te la donnerai dès que je serai remonté. »
Mais le sorcier, furieux, fit rouler de grosses pierres sur le jeune homme, en espérant se saisir la lampe avant qu'il ne tombe dans le vide. En vain. Aladin, qui se trouvait désormais dans l'obscurité la plus totale, se souvint justement de la vieille lampe et la frotta pour l'allumer. Un génie de taille imposante apparut soudainement devant lui :
« Tu m'as libéré de ma prison, maître. Que puis-je faire pour toi. Tes désirs seront des ordres !
– Alors, ramène-moi vite chez moi ! »
À peine eut-il prononcé ces mots que la terre s'ouvrit et, volant dans les bras du génie, notre jeune ami se retrouva en un rien de temps sur le pas de sa porte.

Un matin, alors qu'il était au marché, Aladin vit passer les gardes du roi qui escortaient la fille du sultan. Un seul regard suffit et le jeune homme tomba éperdument amoureux. Décidé à la revoir, il demanda son aide au génie, qui le conduisit à bord d'un tapis magique jusqu'à la chambre de la princesse, en haut de la plus haute tour du palais. La jeune fille, intriguée, voulut, elle aussi, monter sur le tapis et voir le monde. Ils volèrent la nuit entière et, à leur retour, Aladin se présenta devant le sultan et déclara : « Sire, j'aime votre fille : permettez-moi de l'épouser. » Le souverain éclata de rire et répondit : « J'y consentirai uniquement si tu es en mesure de construire, en trois jours, un palais digne d'elle ! » Aladin demanda son aide au génie qui, en trois heures, bâtit un somptueux palais, contraignant le roi à accorder la main de la princesse à Aladin. Le récit d'un tel exploit parvint rapidement aux oreilles du sorcier, qui décida que le moment était venu de s'approprier enfin la lampe qui lui avait déjà échappé. Il se rendit au palais et, se faisant passer pour un marchand d'objets rares, parvint à convaincre la princesse de lui céder la vieille lampe en échange d'une lampe neuve. Il invoqua aussitôt le génie : « Emmène-moi

loin d'ici avec la princesse et le palais tout entier ! » Le djinn se fâcha mais la malédiction qui l'obligeait à obéir au propriétaire de la lampe était si puissante qu'il n'eut d'autre choix que de s'exécuter.
De retour au palais, Aladin comprit ce qui s'était passé. Par chance, le tapis était encore là : il embarqua aussitôt, bien décidé à explorer chaque recoin de la planète pour retrouver son épouse. En quelques heures, il parvint jusqu'à l'endroit où se dressait maintenant le palais et, avec l'aide de son fidèle singe, il parvint à récupérer la lampe. Le génie était vraiment heureux de revoir son jeune maître, qui lui ordonna de ramener le jeune couple chez lui et d'envoyer le sorcier dans un lieu d'où il ne pourrait s'enfuir. Le génie obéit puis, tandis qu'il s'apprêtait à reprendre place dans la lampe, Aladin déclara : « J'ai un dernier souhait pour toi : je veux que la malédiction de la lampe cesse et que tu sois libre d'aller où tu veux et de faire ce que tu désires ! » Fou de joie, le djinn s'envola dans le ciel parmi les étoiles, savourant pour la première fois depuis des milliers d'années le goût de la liberté.

Le rossignol et l'empereur

Dans la forêt du palais de l'empereur chinois vivait un rossignol dont le chant mélodieux attirait les voyageurs du monde entier. La nouvelle parvint au souverain, qui ordonna qu'on lui amène l'oiseau sur le champ. Le soir-même, le rossignol chanta si magnifiquement que le roi en eut les larmes aux yeux et décida que l'oiseau resterait auprès de lui dans une cage en or.
Un jour, on fit envoyer au palais un rossignol mécanique, serti d'or et de pierres précieuses : dès qu'on le remontait, il se mettait à chanter en remuant la queue. Bientôt, l'empereur voulut organiser un concours de chant entre les deux oiseaux. Ils furent tout aussi brillants l'un que l'autre mais le rossignol mécanique remporta davantage de succès car il était aussi très beau à voir.
Il chanta le même air trente-trois fois, et on l'aurait écouté davantage encore, si l'empereur n'avait décidé qu'il était temps d'écouter le vrai rossignol. Mais où était-il donc passé ? Personne n'avait remarqué qu'il s'était envolé par la fenêtre. Après un instant de stupeur, tout le monde s'accorda à dire qu'au fond le rossignol mécanique était de bien loin le meilleur.
Le vrai rossignol fut banni de tout l'empire, tandis que l'autre se vit accorder une place sur un coussin de soie près du lit de l'empereur. Un soir, tandis que l'oiseau mécanique chantait, un étrange bruit métallique se fit entendre, puis la musique s'arrêta. On fit venir un horloger qui répara l'oiseau et recommander de le ménager car ses chevilles étaient désormais fort usées.

Avec les années, la santé du souverain se détériora. Un soir, ses valets le trouvèrent froid et blême, gisant dans son lit, et le crurent mort. En réalité, l'empereur respirait encore, mais difficilement, et voyait la Mort assise sur son lit, revêtue de sa splendide couronne d'or et de pierres précieuses, tenant d'une main le sabre de l'empereur, et de l'autre sa splendide bannière.

Le souverain murmura dans un filet de voix : « De la musique ! Toi, petit oiseau, chante aussi fort que tu peux ! » Mais le rossignol restait muet car il n'y avait personne pour le remonter. Au même instant, un merveilleux chant parvint depuis la fenêtre : c'était le petit rossignol venu des bois pour réconforter l'empereur de ses douces mélodies. Et tandis qu'il gazouillait, le sang du souverain se remit à circuler de plus belle, lui apportant une nouvelle vigueur. Même la Mort écoutait le doux chant de l'oiseau, le priant de ne pas s'arrêter : « Continue, petit rossignol, continue !

– Seulement si tu me donnes le sabre d'or, m'offre ta riche bannière et me rends la couronne de l'empereur ! » répondit l'oiseau.

Sans hésiter, elle donna chacun des joyaux, et le passereau chanta le tranquille cimetière où poussent les roses blanches, où les lilas embaument plus qu'ailleurs. La Mort eut alors la nostalgie de son jardin et disparut soudain.

L'empereur remercia mille fois le rossignol et lui dit : « Mon petit ami, toi que j'ai emprisonné et banni de mon règne, voilà que tu es venu à mon secours et as chassé la Mort. Comment puis-je te récompenser ?

– Tu m'as déjà récompensé ! J'ai vu couler tes larmes la première fois que j'ai chanté pour toi. Mais tu dois maintenant reprendre des forces, repose-toi, je vais chanter pour toi. »

Le lendemain matin, l'empereur se réveilla guéri et revigoré. « Reste auprès de moi pour toujours ! demanda-t-il à l'oiseau. Tu ne chanteras que lorsqu'il t'en plaira et je briserai l'automate.

– Ne fais pas cela ! Conserve-le, je ne peux pas vivre au château, mais je viendrai chaque soir chanter pour toi, cela te rasséréners et t'aidera à réfléchir sur le bien que tu peux faire pour ceux qui souffrent, et sur la manière de mettre un terme aux injustices commises dans ton royaume sans que tu le saches. Je viendrai chanter pour toi, mais tu dois me promettre une chose.

– Tout ce que tu voudras !

– Tu ne devras révéler à personne qu'un petit oiseau vient te raconter chaque jour ce qui se passe dans ton royaume ! » Puis il s'envola.

La princesse grenouille

Un roi sage et avisé, qui vivait dans un lointain pays, voulut éviter toute rivalité entre ses fils au moment de choisir leurs futures épouses. Aussi, un jour, il les réunit : « Tirez chacun une pierre avec votre fronde, vous prendrez pour femme celle qui se trouve là où tombera la pierre. »

Les trois jeunes obéirent : l'aîné rencontra la fille d'un boulanger, le cadet une tisserande, et le dernier... une grenouille !

Le roi décréta qu'il léguerait son royaume au fils dont l'épouse se révélerait la plus habile : il donna du chanvre à chacune en leur demandant de le lui rendre tissé trois jours plus tard. Le jour dit, la grenouille remit à son prince une noix, la boulangère un splendide châle, tandis que la tisserande confectionna un ouvrage parfait. On peut imaginer l'état d'esprit du plus jeune à l'idée de remettre à son père une noix ! Mais à peine celui-ci eut-il ouvert la coquille qu'un tissu magistralement réalisé en sortit : il était si fin qu'on aurait dit une toile d'araignée, et si grand qu'il recouvrait la salle du trône tout entière.

Le roi fut particulièrement impressionné mais, acceptant difficilement l'idée d'avoir une grenouille pour héritière, il décida de mettre à nouveau ses belles-filles à l'épreuve : il remit à chacune un chiot de sa chienne de chasse préférée, avec pour mission de l'élever de la meilleure façon. Des mois passèrent et les trois promises se présentèrent devant le roi : la fille du boulanger était accompagnée d'un molosse musclé et robuste, la tisserande d'un chien féroce, tandis que la grenouille remit au souverain un petit coffret. Il l'ouvrit, perplexe : à la surprise générale un caniche nain en sortit, qui fit toutes sortes d'acrobaties, et savait même compter ! Le souverain décida alors que son plus jeune fils et la grenouille hériteraient du trône et décréta que les trois princes se marieraient en même temps.

Le jour des noces, les deux frères aînés prirent place à bord de carrosses ornés de fleurs et de guirlandes parfumées et s'en allèrent chercher leurs promises somptueusement vêtues de leurs robes blanches.

Quant au benjamin, il trouva sa petite grenouille près d'un fossé avec, pour carrosse,

une feuille de figuier tirée par quatre escargots. Le prince se mit en route, faisant halte de temps à autre pour attendre la « calèche » de sa promise. Mais, on le sait, les escargots ne sont pas des champions de vitesse, et à force d'attendre, et d'attendre encore, le prince finit par s'endormir. Quand il se réveilla, il découvrit un carrosse tout en or, recouvert d'élégant velours, et dans lequel l'attendait une jeune fille à la beauté exceptionnelle, vêtue d'une magnifique robe vert émeraude.

« Qui êtes-vous ? s'enquit le prince

– Ta grenouille !

– Impossible ! » répondit le jeune homme interloqué.

La jeune fille ouvrit alors un petit écrin pour en extraire la feuille de figuier, les coquilles des quatre escargots et une peau de grenouille. « J'étais une princesse, mais on m'a jeté un perfide sortilège qui m'a transformée en grenouille, me condamnant à rester ainsi jusqu'à ce que le fils d'un roi veuille bien m'épouser. »

Le prince, désormais follement épris de sa future épouse, la présenta à son père, qui fut soulagé d'apprendre qu'un batracien n'occuperait pas le trône de son royaume.

Raiponce

Il y a très longtemps, dans un petit village, vivait un couple qui attendait un enfant. Chaque jour, la femme admirait par la fenêtre le potager de la vieille sorcière qu'ils avaient pour voisine : jamais elle n'avait vu de fruits et de légumes aussi appétissants, les raiponces en particulier lui faisaient très envie. Son désir devint tel qu'elle cessa de se nourrir et tomba malade. Elle déclara à son mari inquiet qu'elle devait à tout prix goûter les raiponces de leur voisine. Ainsi, une nuit, l'époux se faufila dans le potager. Mais à peine eut-il franchi le mur et posé le pied au sol que la vieille sorcière s'écria : « Que fais-tu ici ? Pourquoi voles-tu mes raiponces ?
– C'est pour mon épouse ! Elle attend un enfant et ne veut rien manger d'autre.
– D'accord ! Tu peux tous les prendre, mais quand votre fille naîtra, vous me la donnerez !
L'homme accepta, pensant qu'après tout l'enfant grandirait dans la maison voisine. Mais lorsqu'il la remit à la sorcière, celle-ci disparut avec la petite Raiponce – ainsi l'avait-elle appelée – dans la nature, plus précisément dans la forêt, où elle construisit à coups de paroles incantatoires une tour sans porte pour y cacher la fillette. Les années passèrent et celle-ci grandit, tout comme ses longs cheveux. Chaque jour, la sorcière se présentait au pied de la tour et criait : « Raiponce, déroule tes cheveux ! » La jeune fille laissait alors tomber ses interminables tresses que la vieille utilisait pour se hisser en haut de la tour. Un jour, un prince assista à la scène et, une fois la sorcière partie, s'écria : « Raiponce, déroule tes cheveux ! » Effrayée quand elle le vit entrer, la captive fut rapidement conquise et les deux jeunes gens ne tardèrent à s'éprendre l'un de l'autre. Ils se virent ainsi en cachette pendant quelque temps, jusqu'au jour où la sorcière surprit le prince tandis qu'il descendait de la tour. Furibonde, elle coupa les cheveux de Raiponce et l'emmena dans une grotte dont elle boucha l'entrée à l'aide d'une grosse pierre, puis jeta au prince un maléfice qui le rendit aveugle. Désespéré, celui-ci erra dans les bois jusqu'au moment où, non loin, il entendit un chant : c'était la voix de Raiponce. Il parvint à la grotte, dégagea la roche qui en bloquait l'entrée et put enfin étreindre à nouveau la jeune fille, qui en pleura de joie. En coulant sur le visage de son bien-aimé, ces larmes le libérèrent du mauvais sort et lui rendirent la vue : les deux jeunes étaient de nouveau réunis et personne ne les séparerait plus jamais.
Et la sorcière ? Elle disparut sans donner de nouvelles !

Spiriditis

Il était une fois un petit homme du nom de Spiriditis : il n'était pas plus haut qu'un pouce mais avait un grand courage.
Un jour, il décida que le moment était venu pour lui d'explorer le monde.
La nuit tombée, il fit halte dans une forêt, sous un arbre, pour y passer la nuit. Un riche seigneur passa par là : il faisait nuit et il manqua d'écraser le petit homme sous ses bottes mais, par chance, il le vit à temps et s'exclama : « Eh, petit têtard, que fais-tu ici à cette heure ? »
Spiriditis, qui avait le sommeil profond, ne cilla point. Le seigneur appela alors ses hommes et leur ordonna de tirer un coup de feu tous ensemble. Mais rien n'y fit, Spiriditis dormait toujours. Il ordonna qu'on tire à nouveau, toujours rien. « Tirez ! » s'écria-t-il encore. Cette fois notre bonhomme se réveilla, se leva d'un bond et menaça de sa voix fluette : « Gare à vous, si je vous mets mon poing dans la figure, ça va chauffer ! » Devant une telle scène, l'autre éclata de rire. « À qui oserais-tu mettre le poing dans la figure ? À une sauterelle, peut-être ?
– Une sauterelle ! Vous voulez dire un ours plutôt ! Et si vous ne me croyez pas, amenez m'en un, vous verrez, vous serez bien heureux de m'avoir pour gendre !
– D'accord : si tu triomphes d'un ours, je te donnerai la main de ma fille, mais si tu échoues, tu recevras une sacrée correction ! »

Aux premières heures du jour, un gros ours roda dans les parages, mais en voyant les chasseurs, il prit aussitôt la fuite. Spiriditis remplit alors ses poches de petits cailloux avant de se lancer à sa poursuite. Quand il le retrouva enfin, l'animal dormait près d'une grange : il lui jeta une pierre, importunant l'ours qui se réveilla. À la deuxième pierre, la bête se mit à grogner, à la troisième l'ours se jeta sur l'importun, qui s'élança dans la grange en se plaquant au sol. L'animal lui emboîta le pas, exactement comme le prévoyait Spiriditis, qui se leva d'un bond et referma l'entrée du fenil : l'ours ne pouvait plus sortir !

Content de lui, le petit homme revint auprès du seigneur et déclara : « L'ours est prisonnier dans la grange !
- Comment as-tu fait ? s'enquit l'autre, étonné.
- Ce n'est pas votre affaire ! Mais si vous voulez vraiment le savoir, je l'ai attrapé par les oreilles et l'ai flanqué dans le fenil. Si vous ne me croyez pas, allez voir par vous-même ! »
À ce stade, le châtelain lui devait la main de sa fille, mais il voulut lui lancer un nouveau défi : « Tu épouseras ma fille si tu mets hors de nuire les douze brigands de la forêt ! »
Spiriditis remplit à nouveau ses poches de petits cailloux et se rendit dans les bois : il grimpa au sommet d'un arbre et se mit à faire le guet. À minuit, les bandits arrivèrent et s'installèrent pour manger et boire. Quand ils eurent terminé, le chef de la bande demanda à son second de le débarrasser des poux qu'il avait dans les cheveux. Spiriditis lui jeta alors une pierre sur la tête. « Aïe ! » se plaignit le brigand. Il lança à nouveau un caillou, puis un autre encore. Le brigand bondit sur son second et le roua de coups. « Aidez-moi, les gars ! » cria le pauvre homme. Une bagarre éclata alors et les bandits se retrouvèrent tous haletants, à terre et remplis de bleus. Spiriditis descendit alors de son arbre et se rendit de ce pas auprès du seigneur. « Les brigands sont désormais hors d'état de nuire !
- Comme as-tu fait ?
- Cela ne vous regarde pas, mais si vous voulez vraiment le savoir, je les ai tous assommés en les rouant de coups. Si vous ne me croyez pas, allez voir par vous-même ! »
Le châtelain voulut une fois de plus mettre Spiriditis à l'épreuve : « Tu épouseras ma fille si tu chasses l'armée qui a envahi le pays ! »
Spiriditis demanda une cape et un cheval, tous deux de couleur blanche, puis s'élança contre le régiment. Lorsque l'ennemi le vit arriver au galop dans son candide manteau virevoltant au dos d'un destrier blanc comme neige, il pensa qu'il s'agissait là d'un esprit et, terrorisé, prit la fuite. Spiriditis put enfin épouser la fille du seigneur, avec laquelle il vécut heureux.

La princesse au petit pois

« Rappelle-toi que tu es un prince et que tu ne peux épouser qu'une vraie princesse ! »
Tels furent les mots qu'adressa la reine à son fils avant qu'il ne parte pour un long voyage dans les plus grandes cours pour trouver une épouse. Il rencontra une multitude de nobles demoiselles, mais aucune n'avait l'allure ou le caractère d'une vraie princesse : certaines étaient trop hautaines et n'auraient pas été capables d'aimer son peuple, d'autres étaient trop stupides et n'auraient pensé qu'à organiser des fêtes et des bals. Après de longs mois et bien des déceptions, le prince rentra au château, bredouille.
La même nuit éclata un violent orage, comme on n'en avait jamais vu ! On frappa soudain à la porte et, lorsque le serviteur ouvrit, les souverains découvrirent une jeune fille trempée des pieds à la tête, les habits tachés et les chaussures couvertes de boue.
Elle affirmait être une princesse, raconta que son carrosse était tombé dans la rivière et demandait l'hospitalité pour la nuit. La reine, suspicieuse, pensa : « Nous allons voir si c'est vraiment une princesse ! », et, sans mot dire, elle se rendit dans la chambre des hôtes et mit sur le lit un petit pois, qu'elle couvrit de vingt matelas et de vingt gros édredons.
Entre-temps le prince était tombé sous le charme de la jeune fille. Tout lui plaisait en elle : ce qu'elle disait, ses manières aimables et nobles, ainsi que son regard sincère. Peu lui importait de savoir si c'était une vraie princesse, il souhaitait l'épouser. Mais sa mère lui demanda d'attendre le lendemain matin avant de se déclarer.
Cette nuit-là, bien qu'exténuée, la jeune fille ne parvint à fermer l'œil. Quelle que fût la position qu'elle adoptait, quelque chose la gênait et l'empêchait de trouver le sommeil !
Le lendemain, au petit-déjeuner, la reine lui demanda si elle s'était bien reposée : « Point du tout, je suis navrée de le dire, mais quelque chose de dur m'a remplie de bleus ! »
La souveraine comprit alors qu'elle avait devant elle une vraie princesse, car, on le sait, la peau des jeunes filles de sang royal est particulièrement sensible et délicate, y compris à la présence d'un petit pois à travers vingt matelas et vingt édredons. C'est avec joie que la reine consentit aux noces. Et le petit pois à l'origine du mariage ? Le prince le mit dans un écrin et le conserva comme le plus précieux des joyaux.

Le menteur

Dans un lointain pays vivait un roi qui avait une splendide fille. Quand vint le moment, le souverain décida qu'il donnerait sa main à celui qui réussirait à lui faire dire trois fois de suite : « C'est un mensonge, c'est un mensonge, c'est un mensonge ! »

La nouvelle se répandit rapidement et parvint jusqu'à un petit village où vivaient une veuve et son fils, qui était un menteur invétéré. Un jour, le jeune homme dit à sa mère : « Je veux épouser la princesse ! Avec ta bénédiction, je partirai dans quelques jours. »

Après de nombreux jours de marche, il arriva enfin au palais du roi, où les gardes lui barrèrent l'entrée et s'enquirent de la raison de sa venue. Le jeune homme répondit qu'il voulait demander la main de la princesse ! Il fut alors mené devant le roi, qui le dévisagea, perplexe : il n'avait certes pas l'allure d'un gentilhomme ! Aussi, pour le mettre à l'épreuve, et s'amuser un peu, il le conduisit dans un grand pré où son bétail était en train de paître. « Regarde-moi un peu ce bœuf, jeune homme, et dis-moi ce que tu en penses ! » s'exclama le roi. Le garçon, qui, en plus d'être menteur, était très malin, se mit à réfléchir à la manière dont il pourrait berner le souverain, et répondit : « Ce que j'en pense ? À dire vrai, il n'a rien de bien spécial : vous devriez voir les bêtes de ma mère ! Elles sont si grosses qu'un jour on est parvenus à faire tenir un banquet de noces sous leur ventre : un terrible orage avait éclaté et les invités commençaient à être trempés, la fête aurait été un désastre ! »

Le roi le regarda avec méfiance, et quelque peu irrité. Il le mena ensuite dans un splendide potager, où poussaient principalement des fèves. « Dis-moi maintenant ce que tu penses de mes fèves !

– Je suis navré, Sire, mais elles n'ont rien de bien particulier non plus : vous verriez celles de ma mère ! »

Le roi était extrêmement froissé, mais demanda tout de même : « Qu'ont-elles de spécial, celles de ta mère ?
– Sachez qu'il s'agit de plantes particulièrement hautes : pour vous donner une idée, la plus basse arrive jusqu'aux nuages. Un jour, je suis allé dans le potager pour cueillir les fèves d'une plante dont les cosses étaient mûres. J'ai grimpé d'une feuille à l'autre, tout en ramassant les graines et en les lançant dans un sac. Quand il fut rempli, je le jetai à terre, puis montai encore plus haut, jusqu'aux nuages. Il y avait là une maison, et une puce s'était posée sur le mur. Comme j'avais besoin d'un sac, je l'ai tuée puis ai mis les fèves que j'avais ramassées dans sa peau. Quand je commençai à redescendre, les feuilles, qui entre-temps s'étaient séchées, se cassèrent l'une après l'autre sous mes pieds, jusqu'au moment où la tige se plia, ce qui me fit dégringoler dans un profond ravin. Comme j'étais bloqué entre deux rochers, je pris mon couteau et me coupai la tête pour l'envoyer chez moi dire à ma famille ce qui s'était passé. Mais elle rencontra en chemin un renard qui s'en saisit et l'emmena. Là, j'étais vraiment désespéré ! En faisant un effort, je parvins à me libérer des rochers, rattrapai le renard et lui coupai un bout de la queue. Et, devinez quoi, Sire, sur sa queue il y avait écrit que votre père avait travaillé au service du mien ! »
Le roi éclata alors et se mit à hurler : « C'est un mensonge, c'est un mensonge, c'est un mensonge !
– Bien sûr, Majesté, mais c'est vous qui m'avez invité à l'inventer. Vous devez maintenant tenir votre parole et me donner la main de votre fille », se réjouit le jeune menteur.
Et il en fut ainsi. Par bonheur, les deux jeunes gens s'éprirent follement l'un de l'autre et les festivités en l'honneur des mariés durèrent toute une année.

Le jeune homme et le vent du Nord

Dans un petit village vivait une pauvre femme avec son fils. Un jour, alors qu'elle lui avait demandé d'aller prendre de la farine dans la réserve, le vent du Nord arriva et la dispersa. Il ne lui resta donc qu'à retourner dans la réserve et reprendre de la farine, mais une nouvelle fois le vent du Nord souffla et l'emporta. La chose se reproduisit une troisième fois, ce qui mit le jeune homme dans une telle colère qu'il décida d'aller trouver le vent du Nord pour qu'il lui rende sa farine.

Il se mit donc en chemin et, quand il le trouva enfin, le vent du Nord demanda ce qu'il lui voulait. « Tout simplement que tu me rendes ma farine, nous sommes pauvres et ne pouvons nous permettre de perdre le peu de ressources que nous avons !

– Je n'ai pas ta farine, mais je vais te donner une nappe magique qui t'offrira tout ce dont tu as besoin. Tu devras seulement lui dire : “Ouvre-toi et sers-moi des plats exquis !” »

Bienheureux, le jeune homme se remit en route pour rentrer chez lui, mais, comme le voyage était long, il fit halte dans une auberge. Quand les hôtes se mirent à table, il déplia sa nappe et déclara : « Ouvre-toi et sers-moi des plats exquis ! » En un instant apparurent les mets les plus délicieux, ce qui stupéfia tout le monde et attira l'attention de l'aubergiste, lequel profita de la nuit pour s'emparer de la nappe, qu'il remplaça par une autre, semblable mais dépourvue de tout pouvoir magique.

Le lendemain matin, le jeune homme quitta l'auberge avec la nappe. Quand il arriva chez lui, il raconta à sa mère son aventure, tout en déployant la pièce de linge. Il prononça la phrase magique, sans résultat. Déçu, il s'en retourna auprès du vent du Nord : « Je veux la farine que tu as emportée, la nappe que tu m'as donnée ne vaut rien !

– Je n'ai pas ta farine, mais je vais t'offrir un bouc qui produit des pièces en or. Il suffira de lui dire : "Fabrique de l'argent !" »

Le jeune repartit avec le bouc, et fit halte dans la même auberge. Avant de commander à dîner, il voulut tester l'animal, et fut heureux de constater que le vent du Nord ne l'avait pas trompé. Mais l'aubergiste, une fois encore, assista à la scène, et dès que le jeune homme fut endormi, il s'empara du bouc magique qu'il remplaça par un autre bouc qui n'avait, bien sûr, aucun pouvoir particulier, encore moins celui de produire des pièces en or.

De retour chez lui, le garçon voulut montrer à sa mère les pouvoirs de l'animal qui, lorsqu'il prononça la phrase magique, fabriqua de tout sauf des pièces en or...

Il s'en retourna à nouveau auprès du vent du Nord qui, cette fois-ci, lui donna un bâton,

en lui expliquant : « Il ne s'agit pas d'un bâton comme les autres, si tu lui dis "Frappe !", il roue de coups jusqu'à ce que tu lui dises "Stop !" »

Le jeune homme s'en retourna chez lui, s'arrêtant une nouvelle fois dans la même auberge, mais il avait désormais compris le manège du propriétaire. Après le dîner, il s'allongea donc sur un banc, feignant de dormir. L'hôte, imaginant que le bâton était pourvu, lui aussi, de pouvoirs magiques, décida de s'en emparer et de le remplacer par un autre, mais lorsqu'il approcha, le garçon s'écria : « Frappe ! ». Et le bâton se mit à rouer de coups l'imposteur, qui le supplia d'arrêter et promit de rendre la nappe et le bouc au jeune homme. C'est ainsi que ce dernier récupéra ses biens et s'en retourna chez lui, où il put finalement montrer à sa mère les pouvoirs magiques des cadeaux reçus de la part du vent du Nord.

Le renard et la cigogne

Un jour, le renard décida d'inviter la cigogne à dîner, sans trop se donner de mal à cuisiner de bons petits plats. Bien au contraire : il n'offrit à son invitée qu'un pâle bouillon translucide, qui plus est servi dans une assiette. Imaginez ce que put bien ressentir la cigogne, qui s'attendait certainement à un mets plus élaboré, et surtout mieux adapté ! Car, avec son long bec, la pauvre ne put pratiquement avaler une goutte du liquide, tandis que le renard lapa le tout en un rien de temps.

De retour chez elle, le ventre vide, la cigogne décida de se venger de la perfidie de son hôte. Quelques jours plus tard, elle invita donc le renard à déjeuner, au grand plaisir de celui-ci, qui était une sacrée bonne fourchette.

Son hôtesse se mit aux fourneaux et concocta une succulente recette de viande coupée en menus morceaux et cuite dans une sauce dont émanait un délicieux parfum. Le renard était impatient de goûter ce savoureux repas. Pour l'embarrasser, il fut servi dans un vase à long col. Le renard tenta par tous les moyens d'y enfiler le museau mais l'embouchure était trop étroite pour atteindre la viande, alors que le bec de la cigogne y passait parfaitement.

Cette fois, ce fut au tour du renard de rentrer à jeun et affamé dans son logis, la queue entre les jambes, en ayant probablement appris la leçon selon laquelle il faut toujours s'attendre à recevoir la pareille.

La source magique

Dans un lointain pays vivaient un homme et ses trois filles. Un jour de mauvais augure, il tomba malade, et même les plus grands sorciers furent incapables de le guérir. « Si seulement je pouvais boire l'eau de la source magique ! », se languit l'homme. L'aînée décida alors de se rendre à la source pour recueillir l'eau. Après un long voyage, elle arriva à destination mais, au moment de puiser le précieux breuvage, elle entendit une voix lui dire : « Tu auras de l'eau uniquement si tu me promets de devenir mon épouse ! » Effrayée, la jeune fille s'en retourna aussitôt chez elle, les mains vides. La cadette essaya à son tour mais, au moment où elle s'apprêtait à remplir son broc, une voix lui dit, à elle aussi : « Tu auras de l'eau uniquement si tu me promets de devenir mon épouse ! » Terrorisée, elle prit la fuite, s'en retournant le broc vide. Vint le tour de la plus jeune des sœurs, Katia, à qui la voix imposa la même condition. Elle pensa à son père et accepta. Celui-ci put enfin boire l'eau de la source magique : la douleur disparut et il reprit immédiatement des forces !

Un soir, on frappa à la porte. Katia alla ouvrir : une étrange créature couverte d'une peau de loup se tenait devant elle, qui en trembla de peur. Le mystérieux voyageur lui rappela la promesse faite à la source, puis laissa tomber sa fourrure, révélant les traits d'un robuste jeune homme à la grande beauté. Et tandis que Katia le regardait stupéfaite, il lui expliqua d'une voix douce et aimable : « Je viendrai te voir tous les soirs, mais à minuit je te quitterai. La sorcière de la source m'a jeté un sort : je ne peux montrer mon visage à personne d'autre qu'à toi car tu as accepté de devenir mon épouse sans même me connaître. Si quelqu'un d'autre me voyait, je serais contraint de disparaître. » Katia promit de ne jamais révéler le secret à quiconque. Le jeune homme, qui s'appelait Stanislas, vint alors chaque soir rendre visite à la jeune fille, puis, quand sonnait le dernier coup de minuit, il se recouvrait de sa peau de loup et disparaissait. Ne parvenant

à garder le secret, Katia se confia à son père. Espérant briser le sortilège, l'homme déroba la peau de loup et la brûla. Mais quand minuit sonna et que Stanislas ne trouva pas sa fourrure, il salua Katia pour la dernière fois : « Nous ne pourrons plus nous voir désormais. Je dois partir dans un lointain pays, par-delà les mers. Si, un jour, tu souhaites me rejoindre, il te faudra porter des chaussures en fer et remplir de tes larmes un chaudron en fonte. »

Désespérée, Katia versa tant de larmes qu'elle remplit bientôt un chaudron tout entier. Ne pouvant se résoudre à vivre sans son bien-aimé, elle partit à sa recherche. Son père lui confectionna une paire de chaussures en fer, puis elle se mit en route. Le voyage fut long et douloureux, ses pieds étaient meurtris. Un soir elle parvint à une cabane devant laquelle était assis un vieil homme, qui lui demanda : « Qui es-tu ? Comment es-tu donc arrivée jusqu'ici ? » Quand Katia lui eut raconté son histoire, le vieillard déclara : « Allons demander à la Lune si elle a des nouvelles de ton amour disparu. »

La Lune répondit qu'elle n'avait jamais vu le jeune homme, et conseilla à la jeune fille d'aller voir son frère, le Soleil, dont les rayons atteignaient des contrées plus lointaines encore. Katia se rendit à la demeure du Soleil, munie d'une noix que la Lune lui avait donnée. Le Soleil, qui lui non plus n'avait jamais vu le garçon, lui suggéra d'aller voir le vent et lui offrit une autre noix. Le vent écouta le récit de Katia, puis déclara : « Ton bien-aimé vit par-delà les mers, mais il est prisonnier d'une femme. Je vais t'y accompagner. » Il conduisit ainsi la voyageuse au-delà des mers et, avant de la quitter, lui remit une troisième noix. Katia arriva enfin au pays où vivait Stanislas, prisonnier de la sorcière de la source qui était amoureuse de lui. En se faisant passer pour une princesse, elle demanda l'hospitalité à la fée, qui la convia le soir-même à une grande fête. La jeune fille comprit qu'elle voulait s'assurer qu'elle possédait une robe digne d'une vraie princesse. Et tandis qu'elle cherchait une solution, elle brisa par inadvertance l'une des trois noix, dont sortit une merveilleuse robe couleur argent. La fée voulant à tout prix le vêtement, Katia lui promit de le lui offrir en échange d'une journée passée avec Stanislas.

La sorcière accepta, non sans avoir fait boire à ce dernier un philtre qui lui fit perdre la mémoire. Katia tenta vainement de lui rappeler les si beaux moments passés ensemble et de lui parler de leur amour. Le soir suivant, la jeune fille rompit la seconde noix d'où sortit une robe couleur soleil. Une fois encore la sorcière était prête à tout pour avoir la toilette, et autorisa Katia à passer une autre journée avec Stanislas, toujours après lui avoir fait boire un philtre de l'oubli. Le lendemain soir, une splendide robe, légère comme le vent, sortit de la troisième noix, et fut offerte également à la sorcière en échange d'une autre journée passée avec Stanislas. Mais cette fois-ci, comme elle avait compris le stratagème de la sorcière, Katia parvint à remplacer la potion magique par de l'eau. Les souvenirs affleurèrent enfin à l'esprit de son bien-aimé, qui se souvint de la source, de la peau de loup, de la jeune fille et de leur amour, et jura de ne plus jamais la quitter. Furieuse, la sorcière comprit qu'elle ne pouvait plus rien faire et disparut pour toujours.

La petite sirène

Au fin fond de l'océan vivaient des créatures mi-femmes, mi-poissons qu'on appelait des sirènes. Le royaume était gouverné par le roi de la mer, qui habitait un magnifique château en coquillages et en nacre avec ses six splendides filles. La plus jeune était particulièrement attirée par le monde des hommes, qu'elle aimait épier en remontant à la surface.

Un jour, elle aperçut à l'horizon un magnifique voilier. Une fête était célébrée à bord en l'honneur d'un jeune prince et le navire resplendissait de centaines de lumières. Mais le vent se leva soudain et les vagues redoublèrent. Le bateau ne résista pas longtemps à la violente tempête. La petite sirène se précipita au secours du prince et nagea, non sans peine, jusqu'à une plage sur laquelle elle hissa le jeune homme évanoui. Après s'être cachée derrière les rochers, elle entonna un air mélodieux qui réveilla le prince, puis l'observa longuement avant qu'on vienne le secourir. La petite sirène replongea alors dans la mer, mais remonta souvent jusqu'au rivage dans l'espoir de revoir son prince. En vain. Les saisons passèrent et la profonde tristesse de la princesse attira l'attention du roi, et surtout de sa grand-mère à qui la jeune fille finit par se confier. Après maintes hésitations, l'aïeule lui révéla l'existence de la sorcière des mers. « Si tu ne connais le bonheur que lorsque tu es sur terre, alors va la voir, elle t'aidera mais... » Sans attendre un instant, notre petite sirène se dirigea vers la grotte de la sorcière et se retrouva finalement devant l'horrible femme. « Je sais ce que tu veux », ricana-t-elle, avant de lui proposer un pacte : elle lui donnerait l'apparence d'une jeune femme mais elle voulait, en échange, sa magnifique voix. La petite sirène accepta, but une potion magique et, quelques instants plus tard, découvrit deux jambes à la place de sa queue. Toutefois, quand elle voulut pousser un cri de joie aucun son ne sortit de sa bouche. La jeune fille parvint à grand peine jusqu'au rivage, où elle s'évanouit.

Quand elle rouvrit les yeux, son regard croisa celui du prince qui, comme elle, se rendait régulièrement sur la plage dans l'espoir de retrouver la jeune femme qui l'avait secouru et dont la voix continuait de le hanter. La petite sirène, désormais muette, ne pouvait lui expliquer que le chant qu'il avait entendu ce jour-là était le sien, et se désespérait de voir le prince chaque jour plus triste. Entre-temps, furieux, le roi de la mer, qui avait découvert le pacte diabolique de la sorcière, monta à la surface pour ramener au royaume sa fille qu'il aimait tant.

Mais la voyant si affligée et amoureuse, il décida, attendri, de lui rendre sa voix. La jeune fille put ainsi chanter à nouveau comme ce fameux jour sur les rochers : en l'entendant, le prince la reconnut aussitôt et lui promit qu'ils ne se quitteraient jamais plus.

Le petit soldat de plomb

Un vieil homme, qui aimait fabriquer des jouets, décida un jour de créer une armée de vingt-cinq soldats à partir d'une vieille cuillère en plomb. L'enfant qui les reçut en cadeau les disposa en rang sur une table : ils étaient tous identiques, sauf un, qui se tenait aussi droit que les autres mais n'avait qu'une jambe car, au moment de le terminer, il ne restait plus suffisamment de plomb. Le petit garçon s'attacha tout de suite à lui. Le petit soldat devint même son jouet préféré.

Un beau château en carton trônait également sur la table. On pouvait même apercevoir une salle de bal à travers les fenêtres. Mais ce qui attirait le plus l'œil était une petite demoiselle, aux traits parfaits, qui se tenait devant la porte du château. Elle aussi en carton, elle portait une délicate robe en voile et, les bras en l'air, tenait en équilibre sur la pointe d'un pied, tandis que l'autre jambe repliée était en partie cachée sous sa jupe : c'était une ballerine de danse classique.

Le petit soldat de plomb tomba aussitôt sous le charme de la demoiselle qui, crut-il, n'avait qu'une jambe, comme lui. Désireux de faire sa connaissance, il se cacha derrière une tabatière, évitant ainsi d'être rangé dans sa boîte. Le soir venu, quand tout le monde alla se coucher, une grande fête commença dans la pièce, avec les jouets pour protagonistes. Tous riaient et s'amusaient, et les seuls à ne pas bouger étaient la danseuse et le petit soldat de plomb, qui pas un instant ne la quittait des yeux, sans toutefois trouver le courage de lui parler. À minuit sonné, un clac se fit entendre !

1
2
3
4

Le coq intrépide

Il était une fois un vieux paysan très pauvre qui, bien souvent, n'avait pas de quoi manger. Il lui restait un coq, que l'homme voyait comme un poids, s'en plaignant constamment : « Si au moins tu étais une poule, je pourrais avoir des œufs frais tous les jours, mais un coq… il n'y a rien de plus inutile ! »
Quelque peu dépité, l'animal décida un jour justement de se rendre utile et de montrer ce dont il était capable. Il se mit en route en direction du village. En chemin, il trouva un sac qu'il ramassa avec son bec. Quelle ne fut sa surprise quand il découvrit qu'il était rempli de pièces d'or ! Tout heureux, il décida de rapporter ce beau butin à son maître, mais sur le chemin du retour deux brigands l'attaquèrent et le dérobèrent avant de le jeter au fond d'un puits. Le coq ne s'avoua pas pour autant vaincu : après avoir bu toute l'eau, il sortit du puits et se mit à la poursuite des voleurs. Mais quand il les retrouva, les deux canailles le capturèrent et le jetèrent dans une cheminée ardente. Une triste fin, direz-vous ! Mais, là encore, notre animal ne se désespéra pas et se mit à cracher sur le feu toute l'eau qu'il avait ingurgitée, sauvant ainsi ses plumes. Il retrouva les brigands qui, cette fois, le ligotèrent et l'enfermèrent dans une grotte qui n'était autre que la cachette où ils accumulaient tous les trésors qu'ils avaient volés. Une fois seul, le courageux animal se libéra et avala toutes les pièces qu'il put avant de s'en retourner auprès de son maître, qui l'accueillit avec joie et le considéra dès lors comme son meilleur ami et son bien le plus précieux.

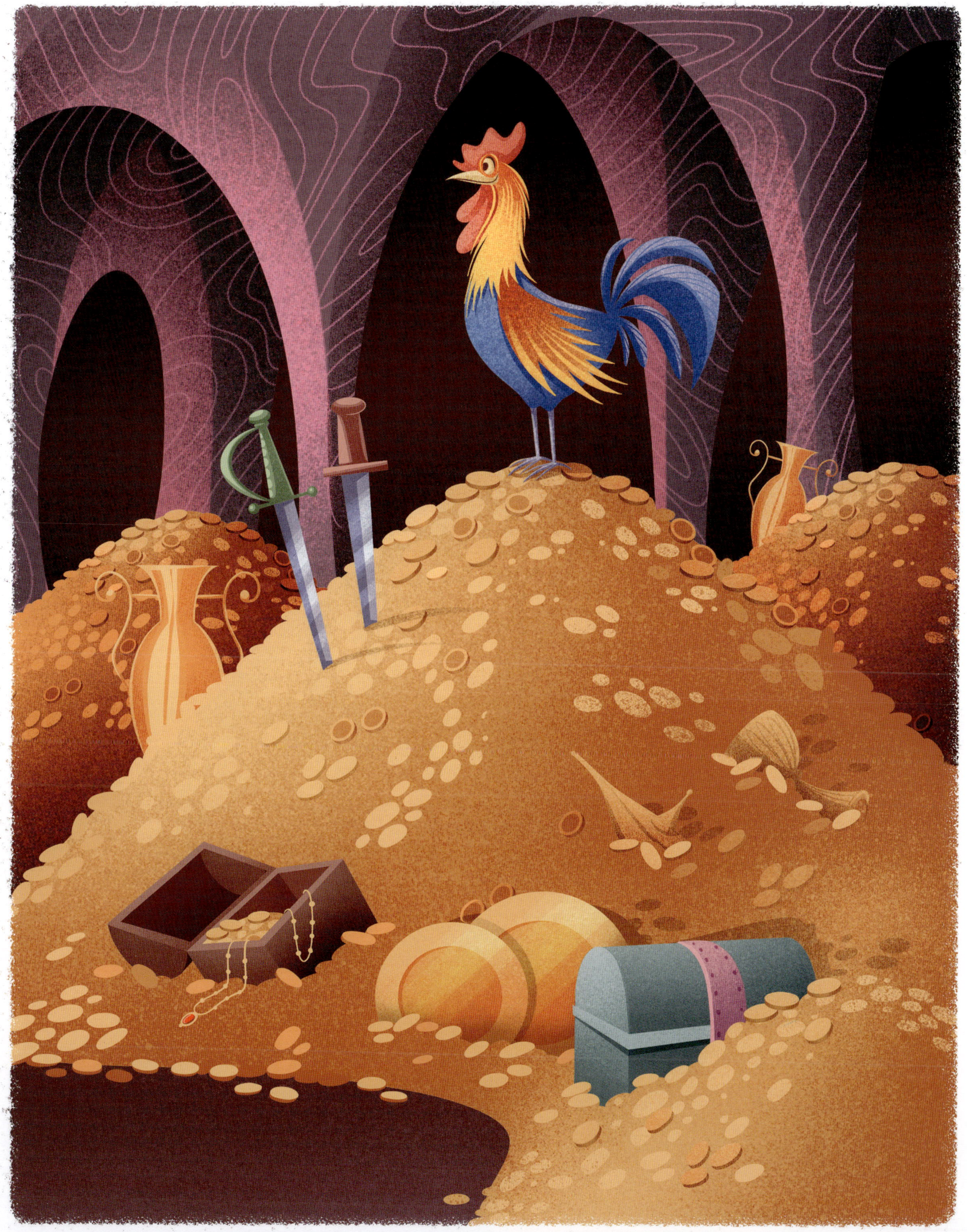

Bambou et la reine des abeilles

Il était une fois un couple qui désirait de tout cœur avoir un enfant, mais leur vœu ne se réalisait pas. Un jour, l'homme se rendit dans la forêt pour couper du bambou, quand il entendit une petite voix qui le suppliait de ne pas lui faire de mal. Sidéré, il demanda :
« Mais où es-tu donc ?
– Ici, dans cette canne ! »
L'homme regarda de plus près et découvrit avec surprise un tout petit enfant aux traits de grenouille. Le couple décida d'adopter le drôle de petit être et le nommèrent Bambou. Les années passèrent, l'enfant grandit et devint un bon garçon, toujours disposé à aider son père dans son travail. Le jour de ses dix-huit ans, ses parents lui offrirent un bel habit et une épée, puis l'envoyèrent au marché vendre du riz et acheter des tissus. Bambou se mit en route et traversa la forêt, quand il se trouva nez à nez avec un lion affamé. Le jeune homme dit à la bête : « Je n'ai rien à te donner aujourd'hui : repasse demain ! » Mais, sans grand détour, le lion répondit : « Tu te trompes, j'ai déjà de quoi me rassasier avec toi ! » Bambou fit alors un pas en avant et, l'air guerrier et d'une voix ferme, il menaça le fauve : « Va t'en immédiatement, si tu ne veux pas avoir affaire à mon épée ! » Apeuré, le lion prit ses jambes, enfin plutôt ses pattes, à son cou et disparut !

Notre jeune héros était presque arrivé à l'autre bout de la forêt quand il croisa une abeille qui le supplia de venir en aide à sa reine. Cette minuscule demoiselle, d'une grande beauté, avait emmêlé ses délicates ailes argentées dans une toile d'araignée. Bambou l'en libéra et, pour le remercier, elle lui fit cadeau de trois pépins de melon : « Ces graines t'aideront à réaliser ce que tu souhaites : il suffit juste que tu le désires vraiment ! »

Bambou reprit alors sa route pour se rendre au marché, effectua les différentes tâches que ses parents lui avaient confiées, puis se remit en route pour rentrer chez lui. Dans la forêt, il croisa à nouveau le lion, toujours aussi affamé. Bambou ressentit alors le désir de l'effrayer à mort avec son épée, et le lion, terrorisé, déguerpit aussitôt. Il réalisa qu'un des pépins de melon avait disparu de sa poche et comprit qu'ils étaient réellement magiques. Il souhaita devenir un beau jeune homme et revoir la merveilleuse reine des abeilles. Les deux autres pépins disparurent soudainement : Bambou devint l'éphèbe de ses rêves tandis que, devant lui, se tenait la reine des abeilles qui avait pris l'apparence d'une jeune fille de taille réelle. Les deux jeunes gens se regardèrent longuement dans les yeux, éperdument amoureux. Ils se marièrent peu de temps après et vécurent très heureux.

Le Vent et le Soleil

Un jour, le Vent et le Soleil commencèrent à se disputer. L'un comme l'autre affirmaient haut et fort être le plus puissant sur Terre. Ne parvenant à mettre fin à leur querelle, ils décidèrent de se lancer un défi. Voyant passer un badaud qui se promenait le long d'un sentier, il fut établi que le plus fort serait celui qui parviendrait à ôter ses vêtements au promeneur.

Sans hésiter, le Vent se mit à souffler, souffler, souffler de plus belle, ce qui incita l'homme à s'emmitoufler davantage dans son manteau. Le Vent, qui ne voulait pas s'avouer vaincu, redoubla de puissance mais le passant baissa la tête et serra davantage son écharpe autour du cou. Dépité, le Vent fut contraint d'admettre son échec.

Vint le tour du Soleil qui, après avoir libéré le ciel de ses nuages, se mit à briller. Arrivé près d'un pont, l'homme commença à avoir chaud et ôta son manteau. Satisfait, le Soleil augmenta l'intensité de ses rayons. Notre homme, désormais écarlate, jeta un coup d'œil à la rivière qui passait sous le pont et, ni d'une ni deux, se déshabilla pour se jeter dans l'eau fraîche.

Le Soleil, haut dans le ciel, souriait, satisfait, tandis que le Vent, qui avait perdu son pari, partit se cacher très loin.

Le brahmane et le renard

Il était une fois un brahmane, c'est-à-dire un prêtre hindou, très bon et charitable mais aussi très naïf.
Un jour, il décida d'aller prêcher dans un village situé au-delà de la forêt. En chemin, il rencontra un tigre prisonnier dans une cage. Il connaissait la réputation de ce fauve mangeur d'hommes, mais la bête promit de ne pas le toucher et, pris de pitié, le vieil homme décida de le libérer. Mais à peine eut-il posé le pied dehors que le tigre lui dit d'un ton sarcastique : « Mais comment peux-tu croire que je ne vais pas te dévorer, affamé comme je suis !?
– Avant de me manger, demandons son avis à cet arbre ? » répliqua le sage homme.
L'arbre s'exprima alors ainsi : « Les hommes ne sont pas bons avec moi. Je leur offre un abri et de la fraîcheur sous mon ombre et, pour me récompenser, ils coupent mes branches et mes racines et me tuent. Pour ce qui me concerne, tu peux le manger ! »
Le brahmane aperçut au loin un âne et voulut savoir ce qu'il en pensait, lui aussi : « Les hommes sont mauvais ! Ils nous exploitent toute notre vie et, quand nous devenons vieux et faibles, nous abandonnent. Pour ce qui me concerne, tu peux le manger ! »
Au même instant apparut un renard. Le brahmane se tourna vers le tigre et lui dit : « Demandons-lui ce qu'il en pense, et s'il te dit de me manger, eh bien, soit, tu pourras le faire ! » Le renard le scruta d'un air incrédule : « Vous vous moquez de moi, n'est-ce pas ? Comment un tigre aussi gros pourrait-il tenir dans une aussi petite cage ? » Le tigre, vexé, lui répondit que c'était bel et bien possible, mais le renard insista : « Arrête ! Je n'en crois pas un mot ! » Pour lui prouver le contraire, le tigre entra dans la cage et le renard en referma aussitôt la porte, puis s'adressa au brahmane : « Dans la vie, il ne suffit pas d'être bon et généreux, il faut aussi faire preuve d'un peu de jugeote ! »
L'homme décida alors de s'en retourner chez lui méditer sur les événements de la journée et la leçon que le renard venait de lui donner.

Comment devenir riche

Il était une fois un paysan qui, las d'être pauvre, décida d'aller chercher fortune de par le monde. Le long de la route, il trouva au sol cinq pièces d'or. Il les ramassa et, bienheureux, poursuivit son chemin en sifflotant. Dans la première ville où il arriva, il entra dans une auberge pour se désaltérer. Le propriétaire le dévisagea, puis s'exclama : « Tu ne crois tout de même pas que je vais te servir ? Je parie que tu n'as pas un sou en poche ! »
Le paysan esquissa un sourire, puis déposa une pièce sur la table en ajoutant : « Garde le reste pour le dérangement. »
Sur quoi l'aubergiste pensa qu'il avait devant lui le fils du roi déguisé en mendiant. Quand le paysan eut fini son verre, il appela le patron et lui demanda qui était l'homme le plus riche de la ville. « Le propriétaire des thermes ! répondit l'hôte.
– Très bien, je vais me rendre aux thermes. S'il te plaît, amène-moi à midi précis un café et une pipe. Et demande également au barbier de venir me raser et me couper les cheveux, et à ton cuisinier de me servir un bon repas. »
Quand le propriétaire des bains le vit arriver, il déclara aussitôt : « Ces thermes sont réservés aux riches, les pauvres vont à la rivière ! » Le paysan sourit, puis s'assit sur les marches de l'établissement. Le gardien ne tarda pas à venir lui demander de s'en aller car ce n'était pas là un endroit pour les mendiants. Midi sonna quand apparurent l'aubergiste portant un café et une pipe sur un plateau, suivi du barbier et du cuisinier chargé d'un copieux repas, tous s'inclinant devant le paysan. Ils apprirent au gardien des thermes, qui les interrogeait du regard, que ce pauvre paysan n'était autre que le fils du roi déguisé. Sur ces mots, l'homme invita aussitôt le paysan à entrer et courut prévenir son maître. Inquiet, celui-ci commença à se désespérer : « Pauvre de moi ! Je vais finir en prison et le roi me fera peut-être couper la tête ! » Il se précipita alors chez lui, remplit un sac de

pièces d'or et le remit au paysan qui, baigné, rasé et rassasié, sirotait son café tout en fumant la pipe. Se fendant d'un sourire, celui-ci accepta le cadeau du propriétaire en signe d'excuses, puis reprit le chemin de chez lui. Quand il arriva à l'endroit où le matin même il avait trouvé les pièces, il en retira cinq autres de sa bourse et les posa par terre. Au village, à tous ceux qui s'émerveillaient d'une richesse si soudaine, le paysan expliqua : « C'est simple, il suffit de sortir du village le matin, et vous trouverez le long de la route cinq monnaies en or, après quoi, le soir venu, vous en aurez un sac plein. » Le lendemain, tous les paysans sortirent du village mais, bizarrement, aucun ne trouva trace d'une seule pièce, et c'est ainsi qu'ils restèrent tous aussi pauvres qu'avant.

Riquet à la houppe

Il était une fois un roi et une reine qui désiraient avoir un enfant. Celui qui naquit enfin était fort laid et avait une mèche de cheveux toujours dressée sur la tête, ce qui lui valut le surnom de Riquet à la houppe. À son baptême, on invita une fée qui prédit que l'enfant non seulement serait intelligent mais rendrait tout aussi brillante que lui l'élue de son cœur.
Entre-temps, la reine d'un pays voisin donna naissance à deux petites filles. La première était belle comme le soleil, tandis que la seconde était d'une laideur à faire peur. On fit alors appel à la fée qui avait été conviée au baptême de Riquet afin qu'elle appliquât ses pouvoirs aux deux princesses. « Ne vous affligez point, Altesse, dit la fée. La petite au physique ingrat se révélera extrêmement intelligente, à tel point que ceux qui feront sa connaissance ne s'apercevront pas qu'elle manque de beauté. Votre autre fille deviendra ravissante mais sera fort stupide. Je vais, toutefois, lui offrir le don de rendre belle la personne qu'elle aimera.
Les années passèrent, la cadette enlaidissait à vue d'œil tandis que l'aînée resplendissait de plus en plus. Pourtant, si tous accouraient au début autour d'elle, ils s'en écartaient bien vite, attirés par la compagnie de la plus jeune.
Sa sœur souffrait énormément de cette situation et, un jour, elle s'enfuit pleurer dans le parc, où elle fit la connaissance d'un petit homme fort laid. C'était Riquet à la houppe qui était tombé amoureux de la princesse en voyant l'un de ses portraits et avait voyagé des jours durant rien que pour la voir.

Voyant ses larmes, il lui demanda : « Comment une personne aussi belle que vous peut-elle être aussi triste ?
– Je préférerais être laide et intelligente, comme ma sœur !
– J'ai reçu à ma naissance un don qui me permet d'offrir à la personne que je choisirai comme compagne toute l'intelligence qu'elle souhaite. Je vous aime et, si vous promettez de m'épouser, je vous donnerai volontiers ce dont vous rêvez. Mais je comprends que vous hésitiez, je sais bien quel aspect j'ai, poursuivit Riquet. Voilà ce que nous allons faire : si vous me promettez votre main, vous aurez toute une année pour décider. Entre-temps, je partagerai avec vous mon intelligence. »
La princesse accepta et se sentit aussitôt différente. Elle commença, dès lors, à faire preuve d'une incroyable finesse d'esprit. Les jeunes princes des pays voisins rivalisèrent pour obtenir sa main, mais elle les renvoya l'un après l'autre.
Un an passa et le roi demanda à sa fille de choisir un époux. La princesse, qui avait besoin de réfléchir, se rendit au parc. En se promenant, elle vit passer des serviteurs portant des plats, des torches, des nappes raffinées. Elle les suivit et vit qu'on s'apprêtait à organiser une somptueuse fête. Étonnée, elle s'enquit de la raison d'un tel banquet, et quand on lui répondit qu'il s'agissait des préparatifs du mariage du prince Riquet à la houppe, elle se

souvint soudain qu'un an plus tôt, elle avait promis de l'épouser.
Au même moment apparut Riquet : « J'espère que vous êtes venue pour tenir votre parole, déclara le jeune homme
– Je vous avouerai que je n'ai pas encore pris de décision, et je crains que ce ne soit celle que vous souhaitez.
– Mais dites-moi, hormis mon aspect, y a-t-il quelque chose en moi qui vous déplaise ? demanda Riquet.
– Aucune : vous êtes vif, intelligent…
– J'en suis heureux alors, car vous pourrez facilement faire de moi le plus beau des hommes : il suffit que vous m'aimiez tant au point de le souhaiter. La fée qui m'a fait don de rendre intelligente l'élue de mon cœur vous a offert celui de rendre belle la personne que vous aimerez !
– Dans ce cas, je désire de tout mon cœur que vous deveniez mon époux ! »
À peine la princesse eut-elle prononcé ces mots que Riquet à la houppe lui apparut le plus beau des hommes.
Les noces furent célébrées le jour suivant et le couple connut de longues années de bonheur.

Tam Lin

Il était une fois la fille d'un seigneur qui s'appelait Janet. Curieuse et aventurière de nature, elle décida un jour d'aller explorer la forêt qui se trouvait derrière le château. Arrivée dans une clairière, elle aperçut de splendides roses sauvages qu'elle voulut cueillir pour sa mère et ses sœurs, qui adoraient les fleurs. Mais à peine eut-elle saisi la tige de l'une d'elles que de la terre sombre surgit un jeune chevalier qui la réprimanda : « Comment oses-tu cueillir ces roses ?

– Je voulais juste en ramener quelques-unes à ma mère et à mes sœurs... », répondit la jeune fille intimidée. »

Le chevalier la regarda longuement, puis lui confia : « Je suis chargé de protéger la forêt mais, toi, je t'offrirai ce que tu veux ! Je m'appelle Tam Lin. »

Janet était apeurée car elle savait qu'il appartenait au peuple des fées, mais le jeune homme la rassura et lui raconta son histoire : « N'aie pas peur, je suis un humain comme toi. Il y a très longtemps, j'ai été enlevé par la reine des fées. Depuis, le jour je garde la forêt, et la nuit je rentre dans son royaume où elle me tient prisonnier. J'aimerais tellement pouvoir briser ce sortilège ! »

Janet se dit prête à l'aider, et Tam Lin lui expliqua qu'il y avait peut-être une chance de le sauver : « Ce soir, la nuit d'Halloween, le peuple des fées traversera le monde des hommes. Rends-toi au carrefour avant la forêt et, lorsque tu me verras passer, agrippe-toi à moi et ne me lâche surtout pas ! »

Janet attendit le passage de la fameuse procession des fées et, lorsqu'elle l'aperçut, se jeta sur Tam Lin et l'enserra de toutes ses forces. Le jeune homme prit soudainement l'apparence d'un petit lézard, puis celle d'un effroyable serpent, d'une barre de métal ardente, mais Janet ne se laissa pas impressionner et résista à la douleur. La reine des fées comprit alors qu'elle avait perdu et rendit sa liberté à Tam Lin.

Les deux jeunes se marièrent et vécurent très heureux.

La princesse dans la tour

Il était une fois un roi et une reine qui vivaient heureux avec leur fille. Un jour, hélas, la reine tomba malade et aucun médecin ne parvint à la guérir.

Quelques années plus tard, le roi décida de se remarier avec une noble femme, veuve elle aussi, et mère de deux filles. En réalité, comme il arrive souvent dans les contes, la nouvelle souveraine était une sorcière aux pouvoirs maléfiques. Un jour, le roi, qui devait s'absenter pour un long voyage, confia sa fille aux soins de son épouse. Sans perdre un instant, la perfide marâtre enferma la princesse et ses serviteurs dans une haute tour qui se dressait au milieu de la forêt, transformant chacun d'eux en souris, à l'exception de sa dame de compagnie qu'elle changea en corneille. Satisfaite, la sorcière, quitta les lieux en ricanant sournoisement, convaincue qu'elle n'entendrait jamais plus parler de la jeune fille.

Non loin, dans un autre royaume, vivaient un roi et ses trois fils. Devenu vieux, le souverain désirait voir ses enfants se marier. Un jour, il les réunit et leur dit : « Prenez chacun une de ces pommes dorées. Lancez-la, puis suivez-la, elle vous mènera à votre future épouse ! » Les deux frères aînés lancèrent leur pomme qui les mena au royaume voisin, où ils rencontrèrent les deux filles de la sorcière et en tombèrent amoureux. La pomme de leur jeune frère se mit, quant à elle, à rouler vers la forêt, non loin d'une clairière où une corneille attira son attention et l'invita à la suivre en direction d'une tour cachée derrière les arbres. À sa grande surprise, le prince fut accueilli par une troupe d'aimables petites souris. Parmi elles, une magnifique souricette s'employa à rendre sa vie la plus agréable possible. Une profonde amitié naquit entre eux, et un jour elle lui proposa même : « Pourquoi ne nous marions-nous pas ? Nous sommes bien ensemble, et bien que je ne sois qu'une souris, tu pourrais apprendre à m'aimer. » Le prince accepta, car ce qu'il ressentait pour cette petite créature était vraiment… magique.

Le jeune homme escorté des souris se mit ainsi en route pour rentrer au palais et présenter sa future épouse à son père. Mais, tandis qu'ils approchaient du château, mille doutes l'assaillirent et, quand il aperçut les élégants cortèges qui accompagnaient ses frères et leurs magnifiques épouses, son désarroi fut total.
Il se présenta enfin devant son père, une foule de pensées en tête. Quand soudain, les souris retrouvèrent leur apparence humaine et la souricette se transforma en l'une des plus belles princesses qu'il ait jamais vue. L'amour avait triomphé du cruel sortilège jeté par la vilaine sorcière ! Les deux jeunes gens se marièrent quelques jours après et vécurent de longues années heureux.
Et la marâtre ? Elle fut bannie du royaume, tandis que ses filles, qui ignoraient tout de la perfidie de leur mère, épousèrent les deux frères du prince.

Les montagnes enneigées et l'oiseau du bonheur

Il y a fort longtemps, le Tibet était plongé dans l'obscurité : le soleil avait cessé de briller, les plantes ne poussaient plus et l'eau avait quasiment disparu. Tout avait commencé quand l'oiseau du bonheur s'était envolé loin, pour se réfugier au royaume des neiges éternelles. Là-bas, il avait été capturé par trois féroces dragons, qui ne permettaient à personne d'approcher de leur repaire.

Un jour, Ming, un jeune homme doté d'un grand courage, décida d'aller libérer l'oiseau. Il se mit en route, mais un dragon crachant des flammes lui barra la route : « Où crois-tu aller ainsi ? » Quand le garçon lui répondit qu'il allait libérer l'oiseau du bonheur, le dragon le menaça : « Mes frères et moi ne te le permettrons jamais ! », et d'un coup de queue il fit surgir une forêt de ronces impénétrable.

Mais Ming ne s'avoua pas vaincu et, sans se soucier des blessures que lui infligeaient les épines, il traversa la forêt et se retrouva devant un autre dragon, plus redoutable encore que le premier : « Tu n'arriveras jamais à mener ta mission à terme ! », et d'un coup de queue il fit apparaître un inquiétant désert.

Mais cela ne dissuada pas non plus Ming qui, malgré la faim et la soif, surmonta également cette épreuve. De l'autre côté de la lande désolée l'attendait un troisième dragon, qui s'écria d'un ton malveillant : « C'en est assez ! Voilà qui t'arrêtera une fois pour toutes ! », et ce disant il fouetta de sa queue les yeux du garçon, qui perdit la vue.

Le jeune homme erra sans but et parvint, malgré lui, tout près de l'endroit où l'oiseau du bonheur était emprisonné. Sentant sa présence, Ming approcha de l'oiseau qui, en effleurant ses yeux de ses ailes lui rendit la vue et apaisa ses blessures. Enfin libérée, la prodigieuse créature déploya ses ailes et ramena le jeune homme au Tibet, qui à partir de ce jour redevint un pays souriant et luxuriant.

Poucette

Il était une fois une femme qui désirait tant avoir une fille qu'elle s'adressa à une vieille sorcière. Pour exaucer son désir, celle-ci lui donna un grain d'orge à planter. Peu de temps après se mit à pousser une splendide fleur, à l'intérieur de laquelle la femme découvrit une minuscule et adorable petite fille. Pas plus haute qu'un pouce, elle reçut le doux nom de Poucette.

La petite eut pour berceau une coquille de noix, pour matelas des feuilles de violette et pour édredon des pétales de rose. Une nuit, un vilain crapaud aperçut Poucette qui dormait dans sa coque de noix posée sur le rebord de la fenêtre. Il la regarda, enchanté : elle ferait une épouse parfaite pour son fils ! Il s'empara de la fillette, sautilla jusqu'à l'étang au fond du jardin et l'installa sur une large feuille de nénuphar pour qu'elle ne s'échappât pas. À son réveil, Poucette regarda autour d'elle, ahurie de ne voir que l'eau sombre de l'étang. La petite se mit à pleurer à chaudes larmes, attirant l'attention des poissons qui décidèrent de lui venir en aide en poussant le nénuphar jusqu'à la rive. Poucette remercia ses amis et traversa un vaste champ de blé qui s'étendait à l'orée du bois. Elle arriva chez une souris des champs qui lui offrit de rester chez elle pour l'hiver. Un vieil ami vint un jour leur rendre visite : c'était monsieur Taupe, qui vivait tout près, dans une grande maison pleine de réserves de nourriture. Monsieur Taupe, qui ne voyait absolument rien et ne supportait pas la lumière, venait tout juste de creuser un tunnel entre sa maison et celle de son amie, et les invita à s'y promener. Il exhorta à ne pas avoir peur de la présence d'un oiseau à l'aile blessée. Au sol gisait en effet une pauvre hirondelle, qui fit bien de la peine à Poucette. Durant la nuit, la fillette s'aventura à nouveau dans la galerie avec de la paille, dont elle enveloppa l'oiseau. Elle en prit soin tout l'hiver, soignant la blessure qui l'avait empêché de s'envoler, à la fin de l'été, vers des pays plus chauds avec ses camarades. Au printemps, l'oiseau désormais guéri proposa à Poucette de l'emmener avec lui sur son dos, mais la fillette se sentait redevable envers la souris qui l'avait aidée et ne voulait pas la laisser seule.

Avec l'arrivée de l'automne, Poucette devint de plus en plus triste, il allait bientôt faire sombre et froid, et des mois d'ennui s'annonçaient en compagnie de la souris et de monsieur Taupe. Un après-midi, alors qu'elle était sortie prendre l'air, elle entendit l'incomparable cui-cui de l'hirondelle, qui lui proposa à nouveau de l'emmener avec elle. Les deux amies s'envolèrent jusqu'à la rive d'un lac où se dressait un magnifique château de marbre. C'était là que l'hirondelle avait fait son nid. Elle déposa son amie sur une feuille de lys et la salua. Quelle ne fut la surprise de la fillette quand elle aperçut un tout petit homme portant une resplendissante couronne et deux jolies ailes nacrées : c'était le roi des lys. Ils tombèrent amoureux au premier regard et décidèrent de se marier. Le jour de ses noces, Poucette reçut deux splendides ailes et put ainsi voler de fleur en fleur. Après la cérémonie, l'hirondelle vint faire ses adieux à la nouvelle reine des lys, puis s'envola vers de nouveaux horizons pour porter dans le monde l'extraordinaire histoire de Poucette.

Le loup et le renard

Le loup avait pris l'habitude de donner des ordres au renard, qui se devait d'obéir à ce prétentieux plus fort que lui. Mais sa patience avait des limites...

Un jour le loup lui dit : « Rouquin, apporte-moi de quoi manger ou je te mange, toi !

– Je connais une ferme qui abrite deux moutons, si tu veux, nous pouvons en voler un. »

Le loup acquiesça, et le renard alla dérober l'animal, le porta au loup puis alla se coucher. Mais la bête n'était pas rassasiée et, voulant manger l'autre animal, s'en alla faire main basse, faisant un tel vacarme qu'elle réveilla les fermiers qui la poursuivirent jusque dans les bois.

Quand le loup revint, tout essoufflé, auprès du renard, il s'écria, fort en colère : « Tu m'as mis dans de beaux draps ! Je voulais voler l'autre mouton, mais les fermiers m'ont collé une de ces raclées !

– Mais pourquoi es-tu si glouton ? »

La scène se répéta le lendemain, à l'heure du déjeuner : « Rouquin, apporte-moi de quoi manger ou je te mange, toi !

– J'ai senti dans l'air une bonne odeur de gaufres, allons en prendre quelques-unes ! »

À la nuit tombée, le renard se faufila dans la cour de la ferme, puis jeta un coup d'œil par la fenêtre de la cuisine, reniflant l'air ici et là jusqu'au moment où il trouva l'assiette gourmande et l'amena au loup avant de s'en aller.

L'animal dévora toutes les gaufres puis, comme l'envie lui était venue d'en manger d'autres, il se rendit lui-même à la ferme et fit tomber le plat, lequel se brisa. Il fit un tel raffut qu'il dut décamper aussi vite que possible mais la fermière, qui avait compris son manège, lui lança une à une toutes les poêles que comptait la cuisine... et toutes, ou presque, atteignirent leur cible ! Clopin-clopant, l'animal revint auprès du renard, avec en prime un gros coquard sur l'œil, et s'écria furieux : « À cause de toi et de ces maudites gaufres, j'ai reçu pas moins de trois poêles sur la tête.

– Mais pourquoi es-tu si glouton ? » répliqua une fois encore le renard.

Le troisième jour, le loup récidiva : « Rouquin, apporte-moi de quoi manger ou je te mange, toi !

– Je connais une cave où un boucher conserve sa viande, allons nous servir !

– D'accord, mais je viens avec toi, comme ça tu m'aideras à m'enfuir. »

Une grande quantité de viande les attendait dans le cellier, et le loup ne se fit pas prier. Le renard mangeait lui aussi de bon cœur, s'interrompant de temps à autre pour vérifier s'il passait encore à travers le trou qu'ils avaient emprunté pour entrer.

« Pourquoi donc, renard, vas-tu et viens-tu ainsi ? demanda le loup la bouche pleine.

– Je contrôle juste que personne n'arrive » répondit astucieusement la bête.

Quand le boucher finit par entrer dans la cave, notre renard déguerpit d'un bond. Le loup tenta de lui emboîter le pas, mais il avait tellement mangé qu'il ne passait plus par le trou, et fut ainsi piégé. Pendant ce temps, le renard courait allègrement dans les bois, heureux de s'être enfin libéré de ce gros vieux glouton.

L'hiver et le printemps

Un jour l'Hiver, un vieux monsieur un peu bourru et présomptueux, rencontra le jeune Printemps, qui se présenta sous les traits d'une douce petite fille. La vieille saison se prit à déclamer de son ton habituel : « Mon cher ami, vous n'êtes pas assez ferme et déterminé. Quand votre moment arrive, les gens et les animaux se précipitent en dehors de leurs maisons et de leurs tanières et envahissent les prés que vous avez mis tant de soin et de patience à faire fleurir. Sans aucun respect, ils arrachent les jeunes arbustes, foulent l'herbe et absorbent les rayons du soleil resplendissant qui, avec votre arrivée, se font de plus en plus chauds. Vos fruits sont cueillis et dévorés sans retenue, sans compter que, avec tout le vacarme qu'ils font, il vous est impossible de vous reposer en paix. Moi, en revanche, j'inspire la crainte et le respect avec mes brouillards, le froid et le gel que j'amène. Les gens se cloîtrent chez eux et sortent le minimum indispensable, ce qui est idéal pour se reposer tranquillement. »

La jeune saison répondit alors : « En retour, mon arrivée est désirée par tous et les gens m'aiment. Vous ne pouvez pas imaginer ce que cela veut dire d'être autant apprécié. C'est une merveilleuse sensation que vous n'aurez jamais l'occasion de vivre car le froid que vous amenez glace jusqu'aux cœurs les plus chaleureux. »

L'Hiver réfléchit un moment en silence, puis se dit que, en effet, être apprécié et aimé devait procurer une sensation vraiment agréable !

Le coq et le renard

Un matin, un coq, réputé pour son astuce, se tenait en sentinelle sur une branche au-dessus de son poulailler. Arriva un renard qui le salua et lui dit d'un ton enjôleur : « Frère, nous ne sommes plus en guerre : c'est la paix générale ! Descends, que je t'embrasse. N'aie crainte, fais-moi confiance ! » Et se fendant d'un large sourire, il poursuivit d'une voix suave : « Ne me retarde pas ! Je dois annoncer la nouvelle à pas moins de cent animaux, peut-être plus même. Toi et les tiens êtes maintenant libres d'aller où bon vous semble, nous serons maintenant des frères ! Nous ferons une grande fête avec des feux d'artifice, nous serons tous heureux et de bonne humeur ! Allez, descends, viens recevoir ce baiser d'amour fraternel !

– Ami, répondit le coq, tes paroles m'émeuvent, et je t'en remercie, mais j'aimerais faire la paix de manière plus appropriée, en embrassant, non seulement toi mais également ce lévrier que je vois courir vers nous d'un pas fier et déterminé. Ne serait-il pas un des messagers envoyés pour répandre la nouvelle : je descendrai volontiers à son arrivée, nous pourrons ainsi tous nous embrasser en signe d'amitié.

– Salue-le, toi, je ne peux attendre davantage, le temps presse. Nous nous réjouirons tous ensemble peut-être une autre fois », répondit le renard qui scruta l'horizon d'un air inquiet.

Et il décampa à toute vitesse en s'enfuyant dans la campagne, il courut sans même se retourner, mécontent et désappointé par son stratagème manqué, pourtant si bien préparé. Voyant le renard s'enfuir la queue entre les pattes, le vieux coq sourit et savoura la célèbre maxime selon laquelle « Double est le plaisir de tromper le trompeur ! »

Le voile magique

Il était une fois un pêcheur qui vivait heureux dans une modeste cabane en bord de mer. Il passait là ses journées, se rendant au marché pour y vendre ce qu'il avait attrapé. Il menait une vie simple, que d'aucuns trouveraient monotone, mais il savait apprécier le peu de choses qu'il avait et la beauté de la nature qui l'entourait. Il se sentait satisfait et serein.
Un matin, alors qu'il jetait sa ligne à l'eau, un parfum douceâtre, presque entêtant, parvint jusqu'à lui. Intrigué, il décida de découvrir d'où cela provenait et, abandonnant sa canne à pêche, il se mit à en suivre la trace. Il parvint à l'orée d'un bois où il aperçut, accroché aux branches d'un sapin, un magnifique voile dont émanait la fameuse fragrance. Comme il voulait l'emmener chez lui pour le conserver, tel un trésor, il grimpa à l'arbre et s'en empara : quelle splendeur, il brillait comme les rayons du soleil, scintillait comme les étoiles dans le ciel, il était à la fois très grand et aussi léger qu'une plume. Heureux, le pêcheur plia l'étoffe mais, tandis qu'il s'apprêtait à rentrer chez lui, une jeune fille apparut et déclara : « Ce voile m'appartient ! C'est le voile des nymphes célestes ! Rends-le-moi, s'il te plaît ! » L'homme n'avait aucune envie de se séparer de son trésor : « S'il est si précieux, je serais vraiment stupide de te le rendre », et ce disant il leva les yeux vers la jeune fille : elle était d'une grande beauté, une vraie nymphe céleste. De longs cheveux noirs et souples descendaient sur ses épaules et une merveilleuse robe argentée illuminait son visage. En la regardant mieux, il aperçut de grosses larmes qui inondaient ses joues. « Je t'en supplie, murmura-t-elle d'une voix si douce, rends-le-moi pour que je puisse rejoindre mes sœurs. » Le pêcheur la contempla longuement, puis répondit : « Je te le rendrai si tu restes et danses pour moi.
– Je ferai ce que tu veux, mais rends-moi mon voile ! »

L'homme hésita, se doutant que la nymphe disparaîtrait aussitôt la pièce d'étoffe rendue, mais il finit par se laisser convaincre. La jeune fille s'enveloppa de son voile délicat et se mit à danser : aucun mortel n'avait vu avant lui une nymphe céleste se mouvoir ainsi ! Le pêcheur la regardait virevolter, stupéfait, tandis que la nymphe remontait petit à petit vers le ciel, avant de disparaître dans la brume. Déçu, et un peu triste aussi, l'homme se ravisa quand il sentit une grande paix envahir son cœur, conforté par le merveilleux souvenir qu'il conserverait. « Quelle journée fantastique ! se dit-il. J'ai vraiment une grande chance, et tant que je vivrai je n'oublierai jamais cette splendide nymphe. » Le sourire aux lèvres, il s'en retourna sur sa barque, et se remit tranquillement à pêcher.

Boucle d'Or et les trois ours

Une famille de trois ours vivait dans une maisonnette au fond des bois : un père, le plus grand, une mère, à peine plus petite, et leur ourson. Tout dans la maison était construit à leur mesure : papa ours avait le plus grand fauteuil, le bol le plus profond et les livres les plus lourds, tandis que les objets de maman ours étaient légèrement plus petits, et ceux de bébé ours tout petits.
Un jour, en attendant que leur soupe refroidisse, ils sortirent se promener en forêt pour récolter du miel. Pendant ce temps, une fillette très curieuse, et assez désobéissante, qui s'appelait Boucle d'Or, passa non loin de leur maison. En regardant par la fenêtre, elle aperçut trois bols remplis de soupe fumante et, comme elle avait très faim, elle décida d'entrer pour y goûter. Dans le plus grand, la soupe était trop chaude, dans le second elle était trop salée, mais celle qui se trouvait dans le plus petit bol était délicieuse et elle l'avala tout entière. Elle s'assit ensuite sur le grand fauteuil, mais il était trop dur ! Le second était trop mou, et le plus petit était parfait mais, malheureusement, elle le cassa. Curieuse, elle monta à l'étage et y découvrit une chambre avec trois lits : l'un était particulièrement grand, et haut, le second trop étroit, tandis que le dernier était identique au sien. Boucle d'Or s'y endormit.
La famille ours rentra enfin pour déjeuner. « Qui a touché à ma soupe ? » demanda le père en voyant que sa cuillère n'était pas à sa place. « Qui a goûté à la mienne ? » interrogea la mère en montrant le potage renversé. « Et qui a vidé tout mon bol ? » sanglota l'ourson. Voyant la chaise de bébé ours cassée, ils se mirent à chercher l'intrus. Quand il entra dans la chambre, papa ours vit son lit défait, maman ours trouva son coussin froissé, et ourson... une enfant qui dormait dans son petit lit !
Tous trois approchèrent et s'écrièrent : « Qui es-tu donc ? » Boucle d'Or se réveilla en sursaut et, à la vue des gueules grimaçantes de ces ours furieux, elle prit grand peur, d'un bond sauta par la fenêtre, s'enfuyant à toutes jambes et se promettant de ne jamais plus se montrer aussi curieuse !

Le rat des villes et le rat des champs

Un rat des champs fut un jour convié à déjeuner chez son cousin qui habitait en ville. Désirant lui montrer les avantages de la vie citadine, ce dernier l'accueillit avec la plus grande courtoisie et lui servit un savoureux repas. Confortablement installés sur un élégant tapis, ils bavardèrent tranquillement tout en dégustant des mets exquis et des friandises en tout genre. Le maître des lieux illustrait à son hôte les merveilles et les opportunités qu'offrait la ville, et le rat des champs l'écoutait avec intérêt, fasciné.
Il commençait presque à se convaincre que le moment était arrivé pour lui de changer de vie et de quitter son paisible logis au milieu des champs quand soudain, à travers la porte, retentit un terrible vacarme. Le propriétaire des lieux courut se cacher, abandonnant tout sur le champ, et son cousin, terrorisé, s'empressa de l'imiter.
Quand le calme revint, le rat des villes reprit sa place à table et tenta, vainement, de persuader son hôte d'en faire autant. Son cousin fut catégorique : il en avait soupé de la ville ! Et de conclure : « Demain tu viendras chez moi à la campagne : on ne mangera pas tous ces mets délicieux et le service ne sera certainement pas aussi raffiné, mais du haut de ma meule de foin personne ne pourra nous déranger et nous mangerons en toute tranquillité, car si on n'a pas la paix, même le ventre plein, le plaisir est vain ! »

Cendrillon

Un riche marchand, resté veuf, décida de se remarier afin que sa fille ne restât seule durant ses longs voyages. Sa nouvelle épouse et ses deux filles vinrent donc s'installer chez eux. Le père partit, sans savoir que les demi-sœurs étaient insupportables et insolentes, et la marâtre égoïste et cruelle. Elle obligea en effet sa fille à travailler en cuisine et à dormir près de la cheminée, si bien que ses habits et ses cheveux prirent rapidement la couleur des cendres. Ses sœurs, qui ne perdaient pas l'occasion de se moquer d'elle, l'affublèrent du surnom de Cendrillon.

La jeune fille vécut ainsi des années durant, effectuant les travaux les plus vils sans jamais rien réclamer en retour, jusqu'au jour où arriva l'invitation au grand bal à la cour. Elle trouva le courage de demander à sa marâtre la permission d'y aller, mais celle-ci refusa en éclatant de rire. En larmes, Cendrillon alla se réfugier dans le jardin, et elle y rencontra une petite fée bien décidée à l'aider. Elle commença donc par transformer un torchon en une splendide robe de bal, assortie de deux escarpins de verre étincelant. Puis elle prit une citrouille dans le potager et, d'un coup de baguette magique, la transforma en carrosse ; quatre souris devinrent de magnifiques chevaux blancs et le

chien de la maison se mua en un fier cocher en livrée.
Resplendissante dans sa robe couleur lune, Cendrillon put ainsi se rendre à la fête au palais du roi. La seule condition que la fée lui imposa fut de rentrer avant minuit car la magie disparaîtrait. Dès qu'elle fit son entrée dans la salle de bal, tout le monde se retourna sur son passage pour l'admirer ; le prince lui-même s'empressa de l'accueillir. Ils dansèrent toute la soirée ensemble, le temps semblait figé, mais, lorsque Cendrillon entendit retentir les premiers coups de minuit, elle se rappela les mots de la fée et, avant que la magie ne prît fin, quitta précipitamment le palais, perdant dans la hâte une pantoufle de verre. Dès le lendemain, le prince envoya le Grand Duc dans toutes les demeures du royaume pour faire essayer l'escarpin à chaque jeune fille, promettant qu'il épouserait celle dont le pied le chausserait parfaitement. Les demi-sœurs de Cendrillon tentèrent bien leur chance, en vain. Le serviteur du prince aperçut alors la jeune souillon dans un coin et décida de faire une tentative : à la surprise générale, la jeune fille enfila sans peine la chaussure. On l'accompagna alors au palais du roi, où elle épousa le prince au cours d'une magnifique fête, transformant son rêve en réalité.

Le renard et le coq

Un renard et un coq conversaient aimablement de choses et d'autres.
À un certain moment, le renard demanda : « Combien de tours sais-tu faire ? »
Le coq réfléchit un instant, puis répondit : « Je n'en connais que trois, et toi ? »
Le renard sourit fièrement et, sûr de lui, déclara : « Cher ami, j'en compte pas moins de soixante-treize !
– Soixante-treize, tant que ça ? J'ai du mal à te croire. »
Froissé, le renard répliqua : « Si tu ne me crois pas, mets-moi à l'épreuve ! »
L'ami lui demanda alors de lui en montrer un, pour commencer. Le renard réfléchit puis déclara : « Eh bien, mon grand-père m'a appris à fermer un œil tout en poussant un cri strident. »
Le coq le regarda, perplexe, et protesta : « Mais quel genre de tour est-ce là ? Moi aussi je sais le faire sans problème ! » Et ce disant, il ferma un œil pour émettre un cri perçant. Mais l'œil clos était celui qui se trouvait près du renard qui, n'attendant rien d'autre, saisit aussitôt le coq par le cou et l'entraîna aussitôt vers son terrier. Mais, voyant le malheureux gallinacé destiné à une misérable fin, une femme qui avait assisté à la scène depuis sa maison voisine s'écria : « Vieux filou, lâche-le immédiatement, il est à moi ! » Le coq entrevit alors quelque espoir, et murmura au renard : « Ne te fais pas avoir, dis-lui que c'est à toi, maintenant, que j'appartiens. »
Le renard accueillit volontiers le conseil et, ouvrant la gueule pour parler, laissa tomber sa proie qui s'envola promptement sur le toit de la maison, puis poussa un formidable cri en fermant un œil.
Pour une fois, le malin renard fut trompé par un coq aussi fourbe que lui et, le soir, dans son terrier, le ventre vide, il ne resta au malheureux qu'à méditer sur sa bêtise !

Le lièvre et le hérisson

Un jour, le hérisson rencontra le lièvre qui, après l'avoir longuement toisé, observa : « Pauvre de toi, avec ces pattes si courtes et tordues, il ne te faut pas moins d'une matinée entière pour faire la moitié du chemin que je parcours en une minute. »
Blessé, le hérisson répondit sans réfléchir : « Mes pattes sont tout aussi capables de courir que les tiennes ! Si nous faisions une course, je gagnerais certainement ! »
Le lièvre éclata de rire : « Une course entre un lièvre et un hérisson ? Soit, pourquoi pas ? Rendez-vous demain ! Si tu gagnes, je dirai à tout le monde que tu es l'animal le plus rapide de la forêt, mais si tu perds tu devras admettre que tu es le plus lent. »
Désormais, le hérisson n'avait plus d'autre choix que de relever le pari et, tout en rentrant chez lui, il se demanda comment il pourrait bien se tirer du pétrin dans lequel il s'était mis. Voyant son air inquiet, sa femme l'interrogea, et le hérisson lui raconta comment le lièvre l'avait offensé et dans quelle situation il se trouvait maintenant. Sa femme réfléchit un instant, puis son visage s'illumina : « J'ai une idée qui va te permettre de donner une belle leçon à ce prétentieux ! Demain, je me cacherai près de la ligne d'arrivée, et toi tu te placeras sur la ligne de départ. Dès que la course aura commencé, tu te cacheras dans un buisson, tandis que moi je me montrerai à l'arrivée, ainsi ce vaniteux pensera que tu l'as battu !
– Quelle magnifique idée ! » s'écria le hérisson soulagé.
Le lendemain matin, il se présenta au rendez-vous pour disputer la course, tandis que la hérissonne allait se cacher près de la ligne d'arrivée. Quand le signal fut donné, le lièvre décampa aussi vite qu'un éclair, tandis que, après deux pas, le hérisson se tapit derrière un buisson. Entre-temps, sa femme sortit de sa cachette juste à temps pour s'écrier : « J'ai gagné ! »
Humilié et exténué, le lièvre, ignare du tour qu'on lui avait joué, ne se moqua plus jamais des autres animaux et cessa de se vanter d'être le plus rapide de la forêt.

Les oranges d'or

Le jardin du roi abritait des arbres du monde entier, dont l'un, très rare, produisait des oranges d'or. Le roi tenait tellement à ces précieux fruits qu'il les faisait garder jour et nuit par un soldat. Or, un matin, il trouva la sentinelle endormie : « Comment oses-tu dormir pendant que tu exécutes les ordres de ton roi ?

– J'en suis désolé Majesté, mais un chardonneret m'a fait visite en chantant si délicatement que je me suis endormi ! »

Le roi décida qu'il monterait lui-même la garde la nuit venue. Mais lorsqu'il entendit le chant de l'oiseau, ses paupières ne tardèrent à se fermer, et de nombreuses oranges furent dérobées. Furieux, il fit publier un avis informant que celui qui capturerait l'insolent volatile serait couvert de richesses. Le lendemain, un jeune paysan se présenta à la cour, tenant une petite cage dans laquelle se trouvait le passereau : « Voici l'oiseau, Majesté, mais je ne veux ni or ni pierres précieuses : en récompense, je désire la main de la princesse. » Indigné, le roi répondit qu'il ne consentirait jamais à ce que sa seule fille épouse un paysan, puis il appela ses gardes et le fit chasser du palais.

Depuis ce jour, plus personne ne vint dérober les oranges du roi, car l'oiseau prisonnier était si triste qu'aucune note ne sortait de son gosier. Ne pouvant supporter la vue de l'animal en cage, la princesse lui demanda : « Chardonneret, chanteras-tu à nouveau si je te libère ? » Mais l'oiseau répondit : « Je ne pourrai pas chanter tant que mon maître sera plus triste que moi. » La princesse, qui avait été impressionnée par le jeune homme, resta surprise : « Ton maître est-il ce jeune paysan ?
– Oui, Majesté, mais il possède quant à lui un verger entier d'orangers qui produisent, eux aussi, des fruits d'or, il est même plus riche que le roi ! Et depuis qu'il vous a vue, il n'a qu'une idée en tête : vous épouser ! » Émue, la princesse transporta en cachette la cage de l'oiseau dans sa chambre, puis le libéra : « Vas voir ton maître et dis-lui de revenir à la cour : quand mon père apprendra qu'il est si riche, il lui accordera certainement ma main ! » La jeune fille savait combien son père était vénal, et dès qu'il prit connaissance de l'immense richesse du jeune homme, il consentit au mariage. La princesse et le paysan purent ainsi se marier et vécurent très longtemps heureux.

Le village aux étourneaux

Le jeune Tolau vivait dans un petit village où il cultivait une plantation de riz, qui était la plus fertile de toutes. Un soir, il aperçut un immense nuage noir qui approchait, menaçant. Scrutant davantage le ciel, il réalisa qu'il s'agissait d'une énorme nuée d'étourneaux qui s'abattirent sur la rizière, détruisant la plantation tout entière avant de s'envoler vers l'Orient. Tolau dut attendre la saison suivante pour reprendre la culture. Mais l'épisode se répéta : les oiseaux arrivèrent et firent main basse sur la rizière, sans toucher aux plantations voisines. La saison qui suivit, le riz poussa à nouveau en abondance mais, une fois encore, les étourneaux saccagèrent le terrain. Exaspéré, Tolau décida de partir à la recherche du village des étourneaux. Il se mit en route en suivant les nuées dans le ciel qui volaient toutes en direction de l'Orient. Enfin, il arriva dans un village où régnait un étrange silence. Toutes les portes des maisons étaient ouvertes, sans personne alentour. Il parvint devant la plus belle demeure, près de la rivière, jeta un coup d'œil par la fenêtre et appela à grands cris, sans réponse. Il se décida à entrer, et découvrit une grande et unique salle dont le sol et le plafond étaient en cristal. Au centre se trouvait une loggia à laquelle on accédait en gravissant vingt marches d'argent. Tolau s'assit sur la plus basse quand apparurent soudain devant lui un verre en or rempli d'eau et un bol, toujours en or, plein de riz. Mais il ne s'avisa pas d'y toucher. Peu de temps après, une vieille femme apparut sur la loggia et lui demanda pourquoi il ne s'était pas désaltéré, ni rassasié. Le jeune homme répondit qu'il n'avait pas osé, de peur d'être pris pour un voleur. La femme l'invita alors à boire et à manger et Tolau accepta volontiers. Une fois repu, le jeune homme lui demanda pourquoi le village était désert et d'où provenait ce riz, étant donné qu'il ne voyait aucune plantation alentour.

La femme le conduisit alors sur une colline d'où Tolau aperçut dans le ciel le nuage gris qui avait ruiné sa vie. La femme frappa dans ses mains et, sur les rives du fleuve, apparut une foule de paniers dans lesquels les oiseaux déversèrent quantité de grains de riz, avant de plonger dans l'eau. À peine avaient-ils touché l'eau, les volatiles se transformaient en êtres humains qui, après avoir récupéré les paniers, se dirigeaient vers le village. Le dernier du groupe était une jeune fille aux longs cheveux noirs dont la beauté émerveilla Tolau.

La femme conclut alors : « Comprends-tu maintenant pourquoi il n'y a pas de rizières ici ? Le riz pousse dans tellement d'endroits qu'il suffit de le récolter, grande partie de nos grains proviennent d'ailleurs de tes champs.

– Mais n'est-ce pas là du vol ?

– Tu as raison, mais les habitants de ce pays ont été condamnés à se transformer en étourneaux, et ils sont donc contraints de dérober du riz pour se nourrir. Ce sortilège a désormais pris fin et nous allons pouvoir reprendre une vie normale et cultiver nos plantations. En réalité, Tolau, ce châtiment aurait pu prendre fin il y a trois saisons déjà mais, sachant que tu cherchais à te marier, j'ai demandé à mon peuple de continuer à se transformer en passereaux pour aller voler ton riz et t'obliger à venir jusqu'ici. »

Et tandis que la vieille parlait, la jeune fille dont la beauté avait frappé Tolau approcha.

« Car je souhaitais, poursuivit la femme, que ma fille épouse l'homme le plus honnête du monde, et je n'en connais pas d'aussi bon que toi. »

Les deux jeunes gens se marièrent alors peu de jours après et vécurent heureux.

La reine des Neiges

Gerda et Kay étaient des amis inséparables : ils étaient voisins et passaient leurs journées à jouer ensemble dans le jardin, au milieu des rosiers. Chaque soir, au coucher du soleil, la grand-mère de Kay leur racontait leur conte préféré, celui de la cruelle reine des Neiges qui avait le pouvoir de glacer les rivières d'un seul regard et de geler le cœur des hommes. Un soir d'hiver, pendant que la grand-mère parlait, une rafale de vent glacial ouvrit brusquement la fenêtre, fustigeant le visage de Kay. Un flocon de neige entra dans l'œil de l'enfant et descendit lentement jusqu'à son cœur, qui se glaça. Dès lors, Kay cessa d'être gentil et se mit à imiter les garnements du village. Son jeu préféré consistait à attacher sa luge aux carrosses pour se laisser traîner. Un passe-temps dangereux mais qui l'amusait beaucoup. Un jour, Kay attacha sa luge à un élégant traîneau qui s'élança aussitôt à vive allure, entraînant le garçon hors de la ville. Quand le véhicule s'arrêta, une dame à la peau blanche comme la neige et aux cheveux bleus comme la glace descendit, enveloppée d'une fourrure immaculée : c'était la reine des Neiges. Elle s'approcha en silence puis déposa un baiser sur le front de Kay qui sombra dans l'oubli : sa famille, sa maison, ses amis, et surtout la petite Gerda, tout s'effaça de sa mémoire. Kay monta alors sur le traîneau de la reine qui l'emmena dans son château de glace.

L'enfant n'étant pas rentré chez lui ce soir-là, tous pensèrent à un accident, mais Gerda ne cessa d'espérer son retour, qu'elle attendit des années durant. Jusqu'au jour où elle décida de partir à sa recherche. Après de longs jours de marche, elle parvint à une petite maison où vivait une vieille fée, qui se sentait bien seule. Par un sortilège, elle effaça la mémoire de Gerda et la convainquit d'habiter chez elle tout l'hiver. Quand vint le printemps et que les rosiers fleurirent dans le jardin, les souvenirs de Kay et d'elle jouant, enfants, parmi les fleurs, refirent surface, et la fillette ressentit le désir de repartir à sa recherche. La voyant si triste, la fée l'autorisa à s'en aller, lui révélant même l'endroit où se trouvait le palais de la reine des Neiges. Quand Gerda entra dans le château sculpté dans la glace, le gel glacial lui coupa le souffle mais la vue de Kay lui réchauffa le cœur : le garçon était là, assis dans la grande salle du trône, le regard perdu dans le vide. Gerda courut l'embrasser, pleurant de bonheur. Une de ses larmes tomba alors dans l'œil de Kay et, glissant jusqu'a son cœur, fit fondre la glace et affleurer ses souvenirs et son affection pour Gerda. Les deux amis s'échappèrent du château de la reine des Neiges, qui se réveillait au même instant. Un long voyage les attendait pour rentrer chez eux, mais ils étaient si heureux d'être ensemble que cela leur importait bien peu.

Le prince serpent

Un roi et un vizir étaient amis de longue date. Comme leurs épouses attendaient toutes deux un heureux événement, ils décidèrent que si un garçon et une fille naissaient, plus tard on les marierait.
Cependant, le roi et la reine n'eurent pas un enfant mais un serpent, tandis que la femme du vizir donna naissance à une magnifique petite fille aux cheveux couleur d'or et aux yeux d'un vert émeraude si précieux qu'on l'appela Esméralda. La fillette et le serpent grandirent ensemble, liés par une profonde amitié. Un jour, alors qu'ils jouaient, la peau du serpent tomba soudainement, dévoilant un beau jeune homme à la peau claire et aux yeux aussi bleus que la mer. Malheureusement, il reprit peu après son apparence de reptile.
Le roi, qui avait assisté à la scène sans être vu, demanda à Esméralda d'empêcher son fils de redevenir un serpent. Aussi, lorsque le prince reprit à nouveau un aspect humain, la jeune fille brûla sa peau de reptile. Le jeune homme lui lança alors un regard désespéré avant de disparaître, abandonnant Esméralda en larmes.
Un jour, tandis qu'elle se promenait, solitaire, le long d'un sentier, la jeune fille, de plus en plus triste, rencontra une vieille fée qui lui dit : « L'homme que tu aimes est très loin d'ici : pour le rejoindre, tu devras consumer sept paires de chaussures ! » Mais Esméralda ne se découragea pas et partit. Elle traversa de périlleuses forêts et des landes désolées, nagea dans les mers les plus profondes et les fleuves les plus impétueux. Le jour où la

septième paire de chaussures fut enfin usée, elle arriva près d'un château niché sur une montagne escarpée. Un vieux lion qui montait la garde lui demanda de quoi manger, et elle lui offrit le dernier morceau de viande séchée qui lui restait. Le long du sentier, elle rencontra un régiment de fourmis qui lui demandèrent de les aider à reconstruire leur fourmilière, et Esméralda s'y prêta volontiers. Arrivée au pied du château, elle entendit la porte grincer et utilisa la dernière goutte d'huile qu'elle avait pour en lubrifier les gonds. Elle pénétra enfin dans le château, où vivait un génie maléfique qui, jaloux de la beauté du prince, l'avait emprisonné et enchaîné. Quand Esméralda trouva ce dernier, il était affamé et transi de froid. Les deux jeunes gens tentèrent aussitôt de s'enfuir.
Le génie, furieux, hurla à la porte : « Referme-toi et ne les laisse pas partir ! » À quoi la porte répondit : « Elle m'a huilée et a pris soin de moi, je la laisserai sortir ! » Le génie s'adressa alors aux fourmis : « Piquez-les et arrêtez-les ! » Mais les fourmis répondirent : « N'y compte pas, elle nous a aidées et nous lui en sommes reconnaissantes ! » Le génie brailla enfin au lion : « Dévore-les et tue-les ! » Et le vieux fauve répliqua : « Elle m'a donné à manger et je ne la trahirai pas ! »
Au comble de la colère, le génie, qui ne pouvait s'éloigner du château, se dissipa alors dans l'air en un nuage noir.
Les deux jeunes gens purent ainsi rentrer chez eux, où ils se marièrent et vécurent heureux pendant de longues années.

La souris et la grenouille

Une adorable petite souris de campagne rencontra une drôle de rainette, un peu disgracieuse. Elles devinrent très vite amies. Un jour, la grenouille demanda à la souris quelle technique elle adoptait pour trouver sa nourriture. « En réalité, je ne sais pas très bien m'y prendre et j'ai du mal à me mettre quelque chose sous la dent. » La grenouille réfléchit un instant puis proposa : « Et si nous cherchions ensemble de quoi manger ? À deux, nous obtiendrions sans doute de meilleurs résultats. Nous pourrions nous attacher l'une à l'autre de manière à ne pas nous perdre ! » La souris reconnut qu'il s'agissait là d'une bonne idée. Ainsi reliées par une chaînette, elles partirent en quête de nourriture, et obtinrent d'excellents résultats.

À la fin de la journée, elles s'en retournèrent chez elles, repues et satisfaites. Mais quand elles arrivèrent, toujours attachées l'une à l'autre, devant l'étang où habitait la grenouille, cette dernière plongea sans hésiter dans l'eau, entraînant derrière elle la pauvre souricette. Ne sachant pas nager, celle-ci se mit à hurler et à se débattre dans tous les sens pour échapper à la noyade. Attiré par le vacarme, un faucon, qui vit là une proie facile, s'élança en vol piqué sur l'étang et se saisit du petit rongeur, toujours enchaîné à notre rainette. Terrorisée, celle-ci se mit à hurler de toutes ses forces, réveillant la souris étourdie qui commença à mordiller de ses petites dents pointues les pattes du faucon, lequel lâcha prise. Après une chute dont elles sortirent miraculeusement indemnes, les deux amies décidèrent de se libérer de la chaînette qui leur avait causé bien des soucis. Elles comprirent, en effet, que l'amitié est une fort belle chose, à condition que chacun soit libre de suivre la voie la plus juste pour soi.

La panthère

Une veuve vivait dans un village avec ses deux filles et son petit garçon. Un jour, alors qu'elle devait aller au marché et rendre visite à sa vieille mère, elle quitta la maison, non sans laisser auparavant de nombreuses consignes aux aînées. Mais, en route, la malheureuse fut attaquée par une panthère, qui s'empara de ses vêtements et s'empressa d'aller frapper à sa porte. « Ouvrez-moi, mes petites, c'est maman ! dit le félin en essayant d'imiter la voix de la femme. » Méfiantes, les enfants jetèrent un coup d'œil par la fenêtre, puis répondirent : « Maman n'a pas les mains si noires ! » À quoi le fauve répliqua aussitôt : « Je suis malheureusement tombée dans un tas de suie ! » Les filles insistèrent : « Mais notre mère n'a pas une voix si rauque !

– Je sais bien, mais ce matin j'ai pris froid en sortant !

– Mais maman, ton visage est tellement différent !

– Hier, j'ai travaillé si longtemps dans le potager que le soleil a brûlé ma peau », tenta de convaincre la panthère qui commençait à s'impatienter. Or, les filles n'étaient pas dupes, elles avaient bien compris que se tenait dehors une féroce panthère, et non leur douce et gentille mère, et elles tremblaient de peur. La tortue de la maison, qui avait assisté à la scène en silence, leur dit alors : « Ouvrez-moi, je vais m'occuper de cette panthère ! » Le reptile sortit alors par la porte arrière et, sans se faire voir, s'approcha du fauve et commença à le mordre de ses minuscules dents, faisant fuir la bête. Les fillettes sortirent alors chercher leur mère et leur petit frère : le soir même on fêta les retrouvailles et salua le courage de l'intrépide tortue !

Le perfide sorcier

Il y a très longtemps, dans le palais d'un lointain royaume, vivait un sorcier que le roi consultait régulièrement pour connaître l'avenir. Un jour, une petite fille en haillons frappa à la porte du château, suppliant : « Je suis une pauvre orpheline, aidez-moi, s'il vous plaît ! » Le roi l'accueillit sans hésiter puis envoya chercher le sorcier afin qu'il prédise le futur de l'enfant. Il découvrit que celle-ci était destinée à devenir très belle et qu'elle porterait chance, où qu'elle vive. Le sorcier décida alors de garder la fillette auprès de lui afin de profiter du don qu'elle possédait, et il élabora un plan maléfique. Il se rendit auprès du roi : « Sire, cette enfant n'a aucune qualité. Pire : dans sept jours elle se transformera en bête féroce. Je vous conseille de l'enfermer dans une boîte en or, à son tour placée dans une boîte en argent, elle-même scellée dans un coffret en métal. Faites ensuite porter le tout dans le coin le plus reculé de la forêt, et laissez-le là pour toujours. » Le roi, qui faisait au sorcier une confiance aveugle, suivit ses conseils à la lettre et, le septième jour venu, fit porter l'enfant dans la forêt.

Le hasard voulut que, ce même jour, le souverain d'un royaume voisin se trouvât précisément dans la forêt pour une partie de chasse. Il venait tout juste de capturer un ours, lorsque des pleurs étouffés parvinrent jusqu'à lui : il trouva alors, cachée dans un buisson, une cassette en fer qu'il ouvrit. Quelle ne fut sa surprise lorsqu'il découvrit une autre boîte plus précieuse, qui en contenait une autre plus précieuse encore, à l'intérieur de laquelle se trouvait, ô merveille, une petite fille. Le roi emmena l'enfant au château, ainsi que les coffrets en or et en argent, abandonnant dans la forêt la cassette en métal dans laquelle il enferma l'effroyable ours.

La nuit même, le sorcier sortit en cachette pour aller récupérer la boîte en fer, qu'il

ramena, bienheureux, au château. Il referma alors portes et fenêtres pour que personne ne découvre son stratagème et, impatient, ouvrit le coffret. Bien sûr, il n'y trouva pas l'enfant, mais un ours redoutable et enragé ! Le sorcier, poursuivi par la bête, tenta alors de trouver refuge dans la forêt. Au fond, ses prévisions s'étaient révélées justes : la fillette ne s'était-elle pas transformée en bête féroce ?

Le géant égoïste

Il était une fois un géant qui, un jour, décida d'aller voir le monde en compagnie de son ami l'ogre. Pendant ce temps, les gamins du village prirent l'habitude d'aller jouer dans son beau jardin. Quand, après sept années d'absence, le géant rentra chez lui, il chassa immédiatement les enfants de son parc, autour duquel il érigea un grand mur. À leur grand regret, les enfants durent se résigner à aller jouer ailleurs, mais rien ne valait le jardin du géant.

Quand le printemps arriva enfin, le colosse découvrit avec surprise que, contrairement à son enclos encore nu et enneigé, dehors les arbres verdoyaient et les fleurs recouvraient magnifiquement les champs. Et lorsque l'été s'installa, chez lui l'hiver sévissait toujours. Vivant entouré d'un froid glacial, le géant finit par tomber malade, contraint de passer ses journées au lit, ne se levant que pour contrôler que les enfants n'entraient pas dans son parc. L'automne arriva, suivi d'un nouvel hiver, et notre géant était toujours plus malade et seul. Quand, au début du printemps, un joyeux gazouillis, qui lui sembla le plus beau son du monde, parvint jusqu'à ses oreilles : les oiseaux étaient finalement revenus chanter dans sa propriété ! Le cœur gonflé de joie, il regarda par la fenêtre et aperçut trois enfants qui jouaient dehors, faisant ainsi fondre la neige et la glace, et refleurir le jardin. Le géant descendit alors dans l'enclos et, après avoir rassuré les enfants apeurés qui s'étaient cachés derrière les arbres, il se mit à détruire le mur. Et tandis que la clôture s'écroulait, notre homme recouvrait peu à peu des forces, son cœur se remplissait de joie. Les enfants du village revinrent ainsi jouer dans le parc du géant où, dès lors, régna toujours le printemps.

La tortue et le singe

Un jour, tandis qu'elle se prélassait au soleil sur la rive d'un fleuve, une tortue aperçut un bananier transporté par le courant. « Je pourrais le planter et cueillir ses fruits », pensa-t-elle, se jetant à l'eau sans hésiter. Elle parvint jusqu'au tronc flottant et le ramena à grand peine vers le rivage, sans toutefois parvenir à le sortir de l'eau. Elle décida alors d'aller chercher de l'aide. Elle rencontra un singe : « J'ai trouvé un bananier dans l'eau et je l'ai poussé jusqu'à la rive, mais toute seule je n'arrive pas à faire plus. Peux-tu m'aider à le transporter dans mon jardin, où je voudrais le planter ? » Le singe accepta mais, en retour, il exigea sa part : « Bien sûr ! Si nous partageons l'arbre ! » La tortue accepta, et les deux animaux se dirigèrent vers le fleuve, d'où ils sortirent le tronc et le hissèrent jusqu'au jardin de la tortue. Elle demanda au singe de l'aider à creuser un trou profond. Mais l'animal était fatigué et las. La tortue tenta de le convaincre en lui rappelant qu'ils auraient bientôt partagé les fruits, mais l'autre répondit : « Cela prend trop de temps ! Coupons tout de suite l'arbre en deux : chacun sa part, comme nous étions d'accord. » Ainsi firent-ils. Le singe contempla les deux parties et, sans trop de détours, s'empara de la plus haute, couverte de feuilles, convaincu qu'il s'agissait de la meilleure, puis il s'empressa d'aller la planter dans son jardin. La tortue se retrouva ainsi en possession de la partie inférieure du bananier, dépourvue de feuilles, certes, mais dotée des racines. Elle creusa un beau trou et la planta avec soin. Après quelque temps, le haut de l'arbre, privé de racines, commença à jaunir, puis à périr. Sur la plante de la tortue, en revanche, poussèrent des feuilles, puis des fleurs, et enfin un grand nombre de magnifiques bananes. La tortue voulut les cueillir mais, ne parvenant à grimper à l'arbre, elle fit de nouveau appel au singe, en échange de quelques fruits. Celui-ci grimpa prestement en haut du bananier mais, au lieu de jeter les fruits à la tortue, se mit à les manger, l'un après l'autre, tranquillement installé sur une branche. À la tortue qui exigeait sa part, il répondit : « Tu m'as bien eu quand nous avons partagé l'arbre, en me laissant la partie qui ne valait rien, alors maintenant c'est moi qui mangerai toutes les bananes, mais, si tu veux,

je te laisse les peaux ! » Furieuse, la tortue se rendit dans la forêt, ramassa des buissons de ronces qu'elle alla aussitôt éparpiller sous le bananier, puis se cacha. Le singe, enfin repu, descendit au pied de l'arbre où l'attendaient les épineux buissons : il hurla et bondit de douleur. La tortue se délectait du spectacle, riant de bon cœur depuis sa cachette. Jusqu'au moment où le singe, qui l'avait entendue, s'approcha d'un bond et la retourna sur le dos, les quatre pattes en l'air, l'immobilisant. « Et maintenant je vais te donner une leçon bien méritée ! » s'écria le singe, furibond. La tortue, qui était très astucieuse, répliqua :
« Fais de moi ce que tu voudras mais, je t'en supplie, ne me jette pas à l'eau !
– C'est pourtant bien ce que j'ai l'intention de faire ! répondit le singe, lançant impitoyablement dans le fleuve l'animal, qui disparut un instant sous l'eau, puis remonta peu après à la surface, nageant sans difficulté. « Merci, le singe ! Tu aurais pourtant dû te rappeler que je suis parfaitement à l'aise dans l'eau ! » dit-elle en riant avant de prendre le large, à la recherche d'une nouvelle maison et, qui sait, de voisins plus sympathiques et généreux.

Le perroquet et la mare

Dans la savane africaine, un guépard se rendait plusieurs fois par jour à un point d'eau pour se désaltérer et se rafraîchir. Très étendue, la nappe d'eau, qui était la seule sur un rayon de plusieurs kilomètres, attirait un grand nombre d'animaux : des éléphants, des zèbres, des lions, y compris un perroquet, qui se plaignait constamment de la qualité de l'eau qu'il trouvait sale et d'un mauvais goût.
Les autres bêtes, sans doute accablées par la chaleur, supportaient en silence ses jérémiades. Jusqu'au jour où le guépard, n'y tenant plus, lui demanda de cesser de se plaindre, ajoutant : « Tu sais voler, pourquoi ne te rends-tu pas à d'autres points d'eau plus loin, ou bien au fleuve, où l'eau est plus fraîche et propre ? » L'éléphant s'associa à lui : « Pourquoi ne nous laisses-tu pas cette eau boueuse, que tu n'aimes pas ? » Le perroquet expliqua : « L'eau n'est pas bonne, mais par cette chaleur je n'arriverai jamais à atteindre le fleuve, il faut donc que je m'en contente. » Puis, s'adressant au guépard : « Toi aussi, rapide comme tu es, tu pourrais gagner le fleuve, pourquoi n'y vas-tu pas ? »
Après avoir réfléchi un instant, le guépard répondit : « La différence entre toi et moi

est que j'ai choisi de rester ici sans me plaindre. Toi, en revanche, tu râles tout le temps ! » Et d'ajouter, avec ruse : « Et tu sais quoi ? Ce sont justement tes geignements qui rendent l'eau aussi sale, car, vois-tu, l'eau aussi a des sentiments, et elle se sent offensée, dénigrée, et devient imbuvable. »

Dérouté par la tirade du guépard, le perroquet se tut, tandis que, après une brève délibération, les autres animaux lui demandèrent de partir. L'éléphant prit la parole et, au nom de tous, déclara d'un ton impérieux : « Nous ne te voulons plus ici. Va-t'en, peut-être que l'eau redeviendra aussi bonne qu'avant ! »

À titre d'information, l'eau n'avait, en réalité, jamais été bonne ! Reste que notre perroquet n'eut d'autre choix que de s'envoler, mais la chaleur eut raison de lui, et il n'arriva jamais au fleuve.

En fait, il n'avait pas compris un précepte important dans la vie, à savoir que lorsque certains choix négatifs sont inévitables, il vaut mieux les accepter avec résignation, sans se plaindre, et en essayant d'y voir les aspects positifs car, ne l'oublions pas, le pire peut toujours arriver !

Le singe et le crocodile

Il y a très longtemps, le singe et le crocodile étaient de grands amis et passaient ensemble de longues heures insouciantes. Quand ils avaient faim, le singe grimpait aux arbres et lançait à son camarade les fruits les plus savoureux et juteux.
Mais, un jour, le crocodile se dit qu'il goûterait bien le cœur du singe, et élabora donc un plan pour atteindre son objectif. Il dit donc à son ami : « Tu m'invites toujours à manger : j'aimerais te rendre la pareille. Viendrais-tu déjeuner chez moi ? »
Le singe accepta volontiers, ne voyant qu'un inconvénient : « Comment puis-je venir chez toi ? Tu habites sur un îlot au milieu du fleuve, et je ne sais pas nager !
– Aucun problème, je te porterai sur mon dos ! »
Le singe prit ainsi place sur le crocodile, qui se mit à nager rapidement. Au milieu du fleuve, le reptile commença à pleurer désespérément. « Qu'y a-t-il, mon ami ? », s'enquit le singe. Et dans un torrent de larmes, le crocodile répondit : « Mon fils est très malade et le médecin dit qu'il mourra s'il ne mange pas un cœur de singe. Serais-tu prêt à lui donner un petit bout du tien ? » Le singe, qui avait parfaitement compris ses intentions, déclara : « Bien sûr mais, vois-tu, nous sommes partis si vite que je l'ai oublié à la maison !

Retournons donc le chercher ! » Le crocodile ne se fit pas prier et ramena sur la rive le singe, qui s'empressa de grimper à son arbre et, une fois en sûreté, se mit à chanter : « J'avais pour ami un crocodile menteur. Et si je suis encore vivant, c'est parce que j'évite bien de redescendre : je ne suis pas si bête ! »
Dépité, le crocodile rentra chez lui, sans toutefois renoncer à l'idée de goûter le cœur du singe, et se dit : « Je vais aller l'attendre dans la savane, là où il a l'habitude de faire sa sieste et, lorsqu'il sera endormi, je lui sauterai dessus, il sera piégé ! »
Mais le singe était rusé et, lorsqu'il se rendit dans la prairie, il s'installa sur un petit monticule d'où il pouvait observer les alentours. Et lorsqu'il perçut un mouvement dans l'herbe, il s'exclama : « Mon amie la prairie, ce traître de crocodile se cache-t-il dans l'herbe ? Si ce n'est pas le cas, réponds-moi en criant : "Ah-ah" ! » Voulant montrer que personne n'était tapi dans la prairie, le crocodile hurla : « Ah-ah ! »
Le singe éclata de rire et s'enfuit, laissant le reptile sur sa faim. On peut dire que leur amitié était bel et bien terminée !

Outroupistache

Il était une fois un meunier qui vivait pauvrement et dont la fille était fort belle. Un jour, pour se donner quelque importance, il prétendit au roi qu'elle était capable de filer la paille et d'en tirer du fil d'or. Le souverain la fit immédiatement appeler et conduire dans une pièce remplie de paille. Il lui donna un rouet et des bobines, et lui dit : « Si d'ici demain matin tu n'as pas filé en or toute cette paille, tu mourras ! »
Une fois seule, la malheureuse se mit à pleurer, car elle ignorait comment satisfaire la requête du roi. Quand soudain, la porte s'ouvrit et un lutin entra et s'inquiéta de la raison de tant de larmes. La jeune fille lui expliqua, et le petit bonhomme lui demanda : « Que me donnes-tu si je fais ce travail pour toi ?
– Mon collier. »
Le nain prit le collier et s'assit au rouet : aux premières lueurs du jour, toute la paille était filée et les bobines remplies de fil d'or. Le roi était très satisfait, mais cela ne lui suffisait pas. Il amena la fille du meunier dans une autre pièce plus grande encore, et pleine de paille. Une fois encore, il lui ordonna de tout filer avant le lever du jour si elle voulait avoir la vie sauve. La pauvre fondit à nouveau en larmes et le lutin réapparut : « Que me donnes-tu si je file de l'or avec toute cette paille ?
– Ma bague. »

Le petit homme prit la bague et se mit au rouet : au matin, toute la paille était filée en or. Mais, une fois encore, le roi, toujours plus avide, n'était pas entièrement satisfait et il fit conduire la jeune fille dans une nouvelle pièce encore plus grande avec toujours plus de paille : « Tu devras filer toute cette paille dans la nuit, si tu y parviens, je ferai de toi mon épouse. », lui dit-il. Le lutin apparut une nouvelle fois pour venir au secours de la jeune meunière, et lui demanda : « Que me donnes-tu si je file la paille pour toi ?
– Je n'ai plus rien à te donner.
– Alors promets-moi, lorsque tu seras reine, de me donner ton premier enfant. »
Comme elle n'avait pas d'autre choix, la jeune fille accepta et, le lendemain matin, à la place de la paille brillait de l'or, resplendissant. Le roi maintint sa promesse et l'épousa. Un an plus tard, la reine mit au monde un adorable petit garçon. Quand le lutin vint réclamer son dû, la jeune femme en pleurs le supplia de lui laisser son enfant en échange de toutes les richesses du royaume. Le petit homme eut pitié d'elle, et finit par lui dire :
« Je te laisse trois jours : si tu découvres mon nom d'ici là, tu garderas ton enfant. »
La reine passa une nuit infernale à se remémorer tous les noms possibles et imaginables,

puis les répéta au lutin le lendemain matin, mais aucun n'était le bon. Il lui restait encore deux jours : elle envoya alors des messagers courir le pays pour connaître tous les autres noms qui pouvaient exister, y compris les plus bizarres, et le lendemain matin elle les soumit au lutin, en vain. Le troisième et dernier jour, un messager lui dit : « Je n'ai pu découvrir aucun nom nouveau, mais j'ai aperçu, au pied d'une montagne, une minuscule maison où brûlait un feu autour duquel dansait un drôle de petit bonhomme qui chantait :

« Aujourd'hui je prépare du pain, demain de la bière,
mais après-demain viendra le meilleur
quand j'aurai l'enfant de la reine,
Qu'il est bon que nul ne sache que je m'appelle Outroupistache ! »

Un peu plus tard, le lutin revint voir la reine et lui demanda, sûr de lui : « Alors, quel est mon nom ? » La souveraine attendit un instant, puis demanda : « Ne t'appellerais-tu pas Outroupistache ?

– C'est le diable qui te l'a dit, j'en suis certain ! » hurla de rage le petit homme, avant de s'enfuir au loin.

La girafe vaniteuse

En Afrique, à l'orée d'une vaste forêt, vivait une magnifique girafe qui dépassait toutes les autres en taille. Elle était admirée de tous, et on en faisait sans cesse l'éloge, ce qui la rendit particulièrement arrogante et hautaine. Elle ne respectait ni n'aidait personne. Elle passait ses journées à déambuler dans la savane pour faire montre de sa beauté, invitant sans complexe ceux qui la croisaient : « Regardez-moi, ne suis-je pas la plus belle ?! »
Au bout d'un certain temps, les autres animaux commencèrent à se moquer, mais la girafe était tellement imbue d'elle-même qu'elle ne s'en rendit pas compte. Un jour, le singe décida qu'il était temps de lui donner une leçon. Tout en la flattant, il parvint à la conduire sous un grand palmier et à lui demander de cueillir les dattes les plus mûres accrochées au sommet de l'arbre. Tout aussi long que fût son cou, la girafe vaniteuse ne parvint à atteindre les fruits. Le singe sauta ainsi sans détour sur son dos, puis sur son cou et, enfin, les pieds sur sa tête, parvint à cueillir les dattes ô combien convoitées. Redescendu à terre, le petit primate dit à la girafe mortifiée : « Tu as beau être la plus grande et la plus belle, tu ne pourras jamais te passer des autres. »
La girafe retint la leçon : elle se montra dès lors plus collaborative, aimable, et respecta enfin les autres animaux.

La fille de la Lune et du Soleil

Dans un lointain pays vivait un jeune chasseur. Chaque jour, sa mère lui rappelait : « Mon fils, ne t'approche pas de la montagne du dragon, c'est une créature très dangereuse, et quiconque s'est aventuré là-haut n'en est jamais revenu ! »
Mais un jour, sa promise le mit à l'épreuve : « Si tu m'aimes vraiment, va aujourd'hui même sur la montagne du dragon. » Le jeune homme accepta, mais lorsqu'il arriva dans les hauteurs, un puissant rugissement retentit et la terre se mit à trembler : apparut alors un énorme dragon à sept queues et sept têtes, dont les yeux projetaient des lueurs flamboyantes et dont les énormes bouches crachaient de perfides langues de feu. Le chasseur ne recula pas pour autant, tirant une à une ses flèches, sans même érafler le dragon, qui tonna : « Ta fin est proche jeune homme, tout comme ceux qui sont venus ici avant toi !
– Je sais, mais je te demande une faveur : laisse-moi aller saluer ma mère une dernière fois, et je reviendrai, je te le promets. »
Curieusement, le monstre accepta. Le jeune chasseur se rendit auprès de sa mère et lui raconta ce qui lui arrivait. La malheureuse l'implora de ne pas retourner voir le dragon, mais son fils fut catégorique. Il l'embrassa puis alla voir la jeune fille dont il était amoureux

pour lui dire au revoir. Elle le supplia également de ne pas se rendre sur la montagne, mais une fois encore le jeune homme fut inébranlable : il avait donné sa parole au dragon ! Alors, sa jeune promise déclara, déterminée : « Soit, je viens avec toi ! »
Quand ils arrivèrent en haut de la montagne, la terre se mit à trembler et le dragon fit son apparition, puis d'un ton narquois il s'exclama : « Je vois que c'est mon jour de chance : vous êtes deux maintenant ! » Mais la jeune fille le toisa : « Détrompe-toi, ce sera le pire jour de ta vie. Tu retourneras dans les viscères de la terre, là où est ta place, car cette montagne appartient aux hommes ! » Le dragon se dressa sur ses pattes arrière, prêt à la réduire en cendres de ses flammes, mais d'un seul regard la jeune fille le stoppa. Incrédule, la créature maléfique demanda : « Mais qui es-tu donc pour détenir un tel pouvoir ?
– Je suis la fille de la Lune et du Soleil, je suis la goutte du ciel qui tombe en chaque recoin du monde et apporte de la joie aux bons et des châtiments aux méchants, je suis la goutte qui rend fertile les monts et les champs. Je suis la fille de la Lune et du Soleil ! »
Vaincu, le dragon sombra dans les entrailles de la terre, et les hommes purent, enfin, reprendre sereinement la chasse sur la montagne.

La boule de lumière

Au commencement du monde, il y a de cela très longtemps, il faisait toujours nuit chez les Inuits, et ils en souffraient énormément. Un jour, survolant leur contrée, un vieux corbeau fut frappé par cette obscurité. Et il leur raconta que les journées, ailleurs, étaient chaudes et ensoleillées. Pour leur donner une idée, il leur expliqua que la lumière équivalait à des milliers et des milliers de lampes allumées. Les Inuits demandèrent donc au corbeau de leur procurer cette lumière, et l'oiseau, bien que vieux et fatigué, accepta de partir à sa recherche.

Il vola des jours entiers jusqu'au moment où, éreinté, il aperçut à l'horizon une lueur qui devenait de plus en plus forte. Quand le corbeau vola enfin en plein jour, il comprit qu'il était arrivé au pays de la lumière. Mais comment pouvait-il s'en saisir et la ramener aux Inuits ? Tandis qu'il réfléchissait sur une branche, une petite fille vêtue d'un manteau de fourrure blanc comme neige approcha d'un ruisseau pour y puiser de l'eau. Le corbeau, par magie, se transforma en un grain de poussière pour se cacher parmi les poils du manteau de la fillette qui, sans le savoir, le ramena chez elle. Dans son logis, chaud et accueillant, une femme cousait une peau de bête, tandis que le vieux chef du village se réchauffait devant le feu et un enfant jouait par terre avec des statuettes en os.

Le grain de poussière voleta alors dans son oreille et commença à le chatouiller.

Le petit, contrarié, se mit à pleurer et le vieil homme courut aussitôt voir ce qu'il avait.

Le corbeau murmura alors à l'enfant : « Dis-lui que tu veux jouer avec la boule de lumière ! » Le vieillard alla ainsi prendre dans une boîte une toute petite boule incandescente et l'attacha à une ficelle pour la donner au garçonnet. Le corbeau égratigna à nouveau l'oreille du petit, qui reprit à pleurer. Cette fois, il lui suggéra de dire qu'il voulait sortir jouer avec la boule de lumière. Son grand-père l'accompagna alors à l'extérieur dans la cour enneigée, puis rentra dans la maison. Quand l'enfant fut enfin seul, le grain de poussière reprit l'apparence du corbeau, qui trancha la corde, saisit la boule incandescente entre ses griffes, et s'envola vers le pays des Inuits.

Quand, exténué par ce long voyage, il parvint à l'extrême Nord, les habitants accoururent hors de chez eux, constatant, à leur grande surprise, que la nuit n'avait pourtant pas disparu. L'oiseau laissa alors tomber la boule de lumière. Se brisant au sol en milliers de petits morceaux, elle libéra le jour qui jaillit par-delà la nuit, allumant le ciel d'un bleu vif. Les Inuits pouvaient désormais voir au loin, admirer le monde qui les entourait, chasser et pêcher de nombreuses heures chaque jour, sans plus jamais pâtir la faim.
Ils remercièrent le corbeau, qui les avertit toutefois : « Malheureusement, je n'ai pu prendre qu'une petite boule de lumière, vous n'aurez donc la lumière du jour que la moitié de l'année. » Mais les Inuits étaient tout de même heureux, car jamais plus ils ne passeraient l'année entière dans l'obscurité !

Les souhaits inutiles

Il était une fois un pauvre bûcheron, las de la vie difficile qu'il menait. Un jour qu'il travaillait dans les bois et se plaignait que la Providence n'eût jamais réalisé un de ses souhaits, Jupiter lui apparut en personne. Terrorisé, l'homme s'empressa de se raviser, redoutant la punition divine. « Ne crains rien, ta plainte m'a touché, et je te promets d'exaucer les trois premiers souhaits que tu voudras exprimer. Pense à ce qui peut te rendre heureux et, comme ton bonheur dépend de tes vœux, réfléchis bien avant de les formuler. » À ces mots Jupiter remonta dans les cieux et le bûcheron s'en retourna chez lui. « Il ne faut pas agir ici à la légère, pensa-t-il, et je ferais bien de demander conseil à ma femme. »

Aussitôt rentré dans sa cabane, il s'écria : « Viens ici, ma chère, réjouissons-nous, nous sommes enfin riches, nous n'avons pour cela qu'à faire des souhaits ! » Et il s'empressa de tout raconter à son épouse. À son récit, celle-ci formula dans son esprit mille vastes projets mais, vu l'importance de la chose, elle comprit qu'il fallait être prudent : « Mon cher mari, ne gâtons rien par notre impatience et réfléchissons bien avant. Remettons à demain notre premier souhait !

– Fort bien ! répondit le bûcheron mais, s'il te plaît, va me chercher encore un peu de vin. »

À son retour, il savoura ce moment de détente, s'exclamant : « Qu'il serait plaisant de déguster, devant ce bon feu, une miche de pain bien croquante ! » À peine acheva-t-il de prononcer ces mots que sa femme, stupéfaite, vit apparaître une énorme miche au coin de la cheminée et, comprenant qu'un tel miracle était le résultat du souhait prononcé par son époux, elle commença à vitupérer contre lui : « Comment peut-on désirer une miche de pain quand on peut avoir un empire, de l'or, des perles, des rubis, des diamants gros comme des noix et les beaux habits d'une reine ?

– Eh bien, j'ai eu tort, j'ai gâché un souhait, je ferai mieux la prochaine fois. »

Mais sa femme continua à l'injurier et à se plaindre, si bien que le bûcheron, exaspéré, éclata : « Au diable la miche de pain et le moment où je l'ai désirée ! Plût à Dieu qu'elle

te pende au nez ! » À peine eut-il lâché ces mots que le pain s'attacha au nez de la femme irritée. Désespéré, le malheureux pensa qu'il valait mieux ne plus exprimer de souhait du tout. « Je pourrais, certes, me faire roi, mais quelle tête aurait ma reine ? Comment se sentirait-elle si elle devait prendre place sur le trône avec un nez pareil ? Il faut que je lui demande si elle préfère devenir reine en conservant cet horrible tarin ou rester bûcheronne avec le nez qu'elle avait avant. »

Après avoir mûrement réfléchi, la femme choisit de ravoir son joli petit nez plutôt que de devenir reine et laide. Ainsi le bûcheron ne changea point d'état, ne devint pas monarque, ni ne remplit sa bourse d'écus, mais fut bien heureux d'employer son dernier souhait pour redonner sa belle frimousse à son épouse.

La chauve-souris arrogante

Par une froide nuit d'hiver, une jeune chauve-souris, toute transie, se réfugia dans une grotte, à l'abri du gel et du vent. Mais, malgré ses efforts, elle ne parvenait pas à se réchauffer : elle avait beau se pelotonner en s'entourant de ses grandes ailes, elle était gelée. Désespérée, elle se mit à pleurer, se désolant à grand cris : « Pauvre de moi, cette fois je ne passerai pas l'hiver et ne reverrai plus jamais les fleurs du printemps ! » Sa plainte se fit de plus en plus forte, au point qu'elle se répandit bientôt des profondeurs de la terre jusqu'au ciel.
Attiré par ces cris de détresse, un grand aigle entra dans la grotte pour comprendre de quoi il retournait. Quand il aperçut la petite chauve-souris, il lui demanda pourquoi elle pleurait si désespérément. « Parce que j'ai très froid et que je n'arrive pas à me réchauffer. » Le rapace la regarda, perplexe, et lui dit : « Mais les autres oiseaux ne se désolent pas et ne se plaignent pas autant que toi : qu'est-ce qui ne va pas ? » Le petit mammifère lui expliqua alors : « Vous autres oiseaux, comme tu peux le voir toi-même, avez des plumes douces et chaudes qui vous protègent du froid glacial, alors que moi je n'ai que la peau sur le dos, ce qui n'est pas vraiment l'idéal pour supporter le froid de l'hiver ! »
L'aigle, qui était très judicieux, comprit l'angoisse de la petite créature qui se retrouvait pour la première fois à devoir affronter les rigueurs de l'hiver, et lui promit de l'aider. Il sortit alors

de la grotte et demanda à chaque oiseau qu'il rencontrait de donner une de ses plumes à la pauvre petite. Le bec rempli, il revint auprès de la chauve-souris qui, incrédule, commença à les fixer sur elle. Quand elle eut terminé, elle était métamorphosée en un splendide oiseau au dense plumage bariolé. Sans même remercier l'aigle, elle prit son envol et sortit de la grotte.

Avec le temps, notre chauve-souris devint de plus en plus hautaine et vaniteuse : elle passait son temps à admirer son reflet dans l'eau des rivières et des lacs, sans accorder la moindre attention à quiconque. Vexés, les autres oiseaux s'en plaignirent auprès de l'aigle, qui promit de s'en occuper. Il partit à la recherche de la bestiole et lui dit : « J'ai reçu de nombreuses plaintes concernant ton comportement hautain et impoli, peux-tu m'expliquer pourquoi ?

– Que veux-tu ? Ils sont sans doute jaloux de ma beauté ! »

L'aigle comprit alors qu'il ne lui restait qu'une chose à faire : il prit son envol et invita tous les oiseaux à reprendre les plumes qu'ils avaient si généreusement offertes. La réaction fut immédiate et, en un rien de temps, la chauve-souris se retrouva toute « nue » : elle se sentit si honteuse qu'elle n'osa jamais plus voler de jour, et ne sortit de la grotte que la nuit, loin des regards des autres animaux.

L'esprit dans la bouteille

Il était une fois un bûcheron qui, travaillant du matin au soir, avait réussi à mettre un peu d'argent de côté pour permettre à son fils d'étudier. Le jeune homme se rendit donc en ville et commença à fréquenter une haute école où il apprit de grandes choses, mais bien vite l'argent lui manqua et il dut rentrer chez lui. Il dit à son père, vraiment désolé : « Ne t'en fais pas, je m'en sortirai, et puis maintenant je vais t'aider. »
Ils s'en furent ainsi tous deux dans la forêt et, tandis que son père se reposait, le fils alla se promener. Tout à coup, il lui sembla entendre, près d'un immense chêne centenaire, une voix qui criait : « Je t'en supplie, aide-moi ! Fais-moi sortir ! » Le jeune se mit à chercher, quand, sous terre, entre les racines de l'arbre, il trouva une bouteille en verre d'où semblait provenir la voix. Sans réfléchir, il ôta le bouchon, et un esprit sortit qui se mit à grandir, tant et si vite qu'en un instant il devint un géant : « Et maintenant, tu voudras sans doute ta récompense pour m'avoir libéré ? Soit, tu auras ta rouée de coups ! Car, vois-tu, je suis le puissant Mercure, et ce n'est pas pour ma bonté qu'on m'a enfermé dans cette bouteille, mais pour me punir ! Et je romps le cou à quiconque me laisse échapper ! »
Le jeune homme chercha rapidement une issue et répondit : « Pas si vite ! Comment savoir si ce que tu racontes est vrai ? Je ne te croirai que si tu peux à nouveau entrer dans la bouteille : voyons si tu es si puissant ! » L'esprit ricana et se fit à nouveau tout petit pour rentrer dans la bouteille, que le jeune homme referma aussitôt avant de la remettre à l'endroit où il l'avait trouvée.
L'esprit l'implora alors, lui promettant de grandes récompenses, si bien que le jeune décida de mettre sa parole à l'épreuve et le libéra. Sorti de sa prison de verre, Mercure lui tendit un petit chiffon et expliqua : « Si, par un bout, tu en frottes une blessure, elle guérira. Si, par l'autre bout, tu en frottes du fer, il se transformera en argent. » Sur ces mots il disparut et le jeune homme partit rejoindre son père.
Voulant expérimenter le cadeau reçu, il frotta sa hache, qui devint d'argent, mais lorsqu'il se remit à la tâche, au premier coup la lame se tordit. Son père était consterné : il n'avait

plus son outil de travail ! Il envoya son fils vendre la hache au marché pour en tirer un peu d'argent. Le jeune homme se rendit chez un bijoutier de la ville qui lui en donna pas moins de trois cents pièces. De retour chez lui, il donna les monnaies à son père, à qui il expliqua comment il les avait obtenues, lui jurant qu'il ne manquerait jamais plus d'argent et qu'il pourrait enfin se reposer. Le jeune homme, quant à lui, reprit le chemin des études.
Et comme, grâce aux prodigieuses vertus du chiffon, il pouvait guérir toutes les blessures, il devint le médecin le plus célèbre du monde entier.

La fable du colibri

Un jour, un grand incendie éclata dans la forêt. Face à l'avancée des flammes, tous les animaux terrorisés prirent la fuite tandis que le feu, impitoyable, dévorait tout sur son passage. Les lions, les zèbres, les éléphants, les rhinocéros, les gazelles et tant d'autres animaux se réfugièrent dans les eaux de la grande rivière, que l'incendie était en train de gagner. Tandis que tous débattaient vivement des mesures à prendre, un tout petit colibri se précipita dans la rivière, prit une goutte d'eau dans son bec puis, sans se soucier de la chaleur ardente des flammes, la laissa tomber au-dessus de la forêt envahie par la fumée. Le feu, qui n'avait rien senti, poursuivit sa course, poussé par le vent. Mais le colibri ne se découragea pas et continua de plonger dans l'eau pour y prélever chaque fois une petite goutte qu'il laissait tomber sur les flammes. La chose ne passa pas inaperçue et le lion l'interpella : « Que fais-tu là ? » L'oiseau répondit : « J'essaie d'éteindre le feu ! » Le lion éclata de rire : « Toi, si petit, tu prétends pouvoir arrêter les flammes ? » Et avec tous les autres animaux, il commença à se moquer de lui. Mais le petit oiseau, indifférent aux rires et aux critiques, se jeta de nouveau dans la rivière pour y prélever une nouvelle goutte d'eau. En le voyant faire, un éléphanteau, qui était resté jusqu'alors à l'abri des pattes de sa maman, plongea sa trompe dans la rivière en aspirant le plus d'eau possible, puis aspergea un buisson que le feu était sur le point de dévorer. Vint ensuite le tour d'un

jeune pélican qui, après avoir quitté ses parents au milieu du cours d'eau, remplit son grand bec d'eau et s'envola pour la laisser tomber en cascade sur un arbre menacé par les flammes. Inspirés par ces exemples, tous les petits s'activèrent pour éteindre ensemble l'incendie qui avait désormais atteint la rive. Oubliant les vieilles rancœurs et les divisions millénaires, les petits du lion et de l'antilope, du singe et du léopard, de l'aigle à cou blanc et du lièvre luttèrent côte à côte pour arrêter la course du feu. Les adultes cessèrent alors de se moquer d'eux et, pris de honte, commencèrent à prêter main forte à leurs enfants. Et quand, après l'arrivée des nouvelles troupes, judicieusement déployées par le roi lion, les ombres du soir tombèrent sur la savane, l'incendie pouvait être considéré comme maîtrisé. Sales et éreintés, mais sains et saufs, tous les animaux se rassemblèrent pour célébrer ensemble leur victoire sur le feu. Le lion s'adressa alors au petit colibri : « Aujourd'hui nous avons appris que le plus important n'est pas d'être grand et fort mais plein de courage et de générosité. Aujourd'hui, tu nous as appris que même une goutte d'eau peut être importante, et qu'ensemble nous pouvons venir à bout d'un grand incendie. Dorénavant, tu seras le symbole de notre combat pour construire un monde meilleur où chacun aura sa place, d'où la violence sera bannie, où le mot guerre effacé, et la mort et la faim ne resteront que de mauvais souvenirs. »

Bohra le kangourou

Un jour, un kangourou du nom de Bohra, las de n'avoir que la nuit pour trouver de quoi manger, se rebella et décida de mettre fin à l'obscurité. Il s'empara de la nuit et l'enroula, tel un tapis, alors que les étoiles continuaient à briller et la lune à se montrer sous toutes ses formes, tantôt entière, tantôt en quartiers.

Heureux, le kangourou pouvait enfin voir ce qu'il mangeait et vadrouiller tranquillement sur ses quatre pattes. Car, oui, à l'époque, les kangourous marchaient encore comme les chiens, à quatre pattes.

Un soir il aperçut des feux et entendit des voix qui entonnaient un chant merveilleux. Intrigué, il approcha et vit des gens au corps peint d'étranges signes, qui dansaient en cercle, battant le rythme à l'aide d'un boomerang. En les observant, Bohra ressentit un désir irréfrénable de danser : en équilibre sur sa queue, il se tint sur ses pattes arrière et se fraya une place dans le cercle. Apeurées, les femmes cessèrent de chanter et se mirent à crier. Le voyant ainsi debout sur ses pattes, les hommes le dévisagèrent, à la fois émerveillés et effrayés, puis se remirent à danser tandis que Bohra tentait de les imiter. Les hommes décidèrent alors de se confectionner des queues en tressant des herbes et des joncs, puis, après les avoir accrochées à leur ceinture, ils se remirent à danser en mimant le kangourou, au grand amusement de tous. Une fois la fête terminée, ils se réunirent pour décider du sort de l'animal, et convinrent de ne pas le tuer mais uniquement de le punir pour avoir interrompu leur cérémonie.

Voilà pourquoi Bohra fut envoûté et se mit à marcher sur deux pattes, comme tous les kangourous aujourd'hui. En souvenir de ce jour, durant les cérémonies, les hommes portent de fausses queues et imitent la danse du kangourou.

La légende de Maui

Il y a de cela des siècles, le dieu Ka-Le, voulant punir les hommes devenus méchants et cruels, submergea les terres et dévasta le monde.
Il n'épargna qu'un seul homme, bon et généreux, qui s'appelait Maui. Le dieu lui ordonna de construire une grande et solide embarcation et de naviguer sur les mers déchaînées jusqu'à ce que les flots se fussent calmés. Il l'autorisa également à emmener les gens et les animaux de son village. Quand revint le beau temps, l'homme vit voler dans le ciel un oiseau blanc tenant dans son bec un rameau, et comprit alors que la fureur du dieu s'était apaisée et que leur île allait bientôt refaire surface.
Tout redevint peu à peu comme avant : on reconstruisit les maisons et les villages, les champs furent de nouveau cultivés et les animaux domestiqués.
Quelque temps après, Maui décida d'aller trouver le dieu Ka-Le en sa demeure pour lui témoigner sa gratitude. Il embarqua sur son canoë, chargé de noix de coco et de deux tourterelles. Il naviguait depuis longtemps quand, dans le ciel, apparut la Lune, que l'homme n'avait jamais vue : elle était belle et resplendissante, il pensa que c'était le visage du dieu. Maui décida alors de suivre le sillage que l'astre projetait sur l'océan, en espérant parvenir jusqu'à la demeure divine. Il rama longuement, et arriva finalement dans le merveilleux règne de la Lune. Suivant une nuée d'oiseaux qui venaient de prendre leur envol, Maui se retrouva devant un immense palais. Le ciel fut alors soudainement inondé d'un flot de lumière, les portes s'ouvrirent et la Lune

apparut, enveloppée d'un beau manteau de dentelle noire parsemé d'étoiles. Maui s'agenouilla et lui dit : « Grand Ka-Le, je suis venu te remercier et t'offrir ces modestes présents.
– Je ne suis pas Ka-Le, je suis la Lune, la reine du ciel nocturne, et voici ma demeure. » répondit la magnifique apparition.
Après s'être mille fois excusé, Maui lui demanda de lui indiquer le chemin pour arriver au règne de Ka-Le. « Trop tard ! » répondit l'astre avant de disparaître avec son palais, tandis que dans le ciel apparaissaient les premières lueurs du jour.
Maui se remit en route à bord de son canoë, craignant que le dieu Ka-Le ne veuille le recevoir à cause des misérables présents qu'il avait à lui offrir. En fait, Ka-Le avait suivi Maui et, le voyant si dépité, décida de l'aider. Il lança alors quelques rayons de soleil sur les gouttes d'eau en suspension dans l'air et traça ainsi une magnifique route lumineuse de mille et une couleurs. Maui se remit à ramer vigoureusement en suivant cette direction et parvint enfin jusqu'au dieu Ka-Le, qui l'accueillit chaleureusement, acceptant ses cadeaux avec joie. Lorsqu'ils se quittèrent, le dieu maintint le sillon lumineux suspendu dans l'air de sorte que Maui puisse retrouver facilement le chemin de son île.
Aujourd'hui encore, il est possible d'apercevoir cette resplendissante route dans le ciel, quand, à la suite d'un orage, de fines gouttes dans l'air capturent les rayons du soleil : c'est ce qu'on appelle maintenant un arc-en-ciel.

Les habits neufs de l'empereur

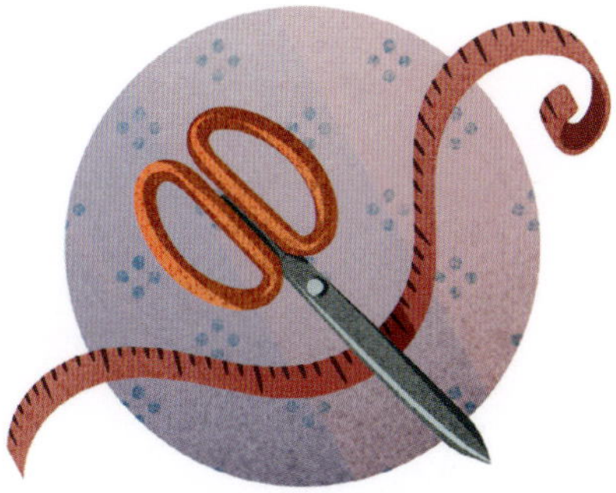

Il y a de longues années vivait un empereur qui accordait une grande importance à la beauté de ses vêtements. Un jour, à la cour se présentèrent deux escrocs. Ils affirmaient être des tisserands de renommée mondiale, capables de tisser la plus belle étoffe que l'on pût imaginer. En outre, les habits qui en étaient confectionnés possédaient l'étonnante propriété d'être invisibles aux yeux de ceux qui ne convenaient pas à leurs fonctions ou qui étaient simplement idiots.
« Voilà des habits qui me permettraient de distinguer aisément les stupides des intelligents et de découvrir qui n'est pas à la hauteur des fonctions que je lui ai confiées ! » pensa l'empereur. Il donna ainsi une généreuse avance aux deux fripons, lesquels installèrent aussitôt deux métiers à tisser et firent semblant de travailler, car il n'y avait absolument aucun fil sur le métier. Ils demandèrent la soie la plus fine et l'or le plus précieux, qu'ils prirent pour eux, et restèrent à travailler sur leurs métiers vides.
« Je voudrais bien savoir à quel point ils en sont avec l'étoffe » se dit après un certain temps l'empereur, et il dépêcha auprès des deux tisserands son bon vieux ministre, qui était très intelligent. Le vieux ministre se rendit donc dans l'atelier où les deux escrocs feignaient de travailler sur leurs métiers vides. « Dieu m'en garde ! pensa-t-il. Je ne vois absolument rien, serais-je sot ? Serais-je inapte à mon travail ? Il ne faut pas que je raconte que je ne vois pas l'étoffe : je dirai qu'elle est magnifique ! »

L'empereur impatient envoya bientôt un autre de ses meilleurs fonctionnaires pour voir où en était le travail. Il arriva à cet homme la même chose qu'au ministre : il regarda et regarda encore, mais ne put rien voir. « Je ne suis pourtant pas sot, se dit le fonctionnaire. Serait-ce donc que je ne conviens pas à mes fonctions ? Quoi qu'il en soit, je dirai à l'empereur que l'étoffe est merveilleuse ! »
Curieux, l'empereur voulut finalement voir le tissu de ses propres yeux. Accompagné par une foule de dignitaires, il se rendit chez les deux canailles : « Majesté, n'est-ce pas magnifique ?! » s'exclamèrent-ils tous, s'imaginant que les autres pouvaient voir quelque chose. « Comment ?! pensa l'empereur, mais je ne vois rien ! Serais-je sot ? Ou ne serais-je pas fait pour être empereur ? »
Tourmenté par ces pensées, il s'exclama : « Oh, c'est splendide ! »
Tout le monde conseilla alors au souverain de porter ces magnifiques vêtements à l'occasion du grand gala qui devait avoir lieu prochainement.
La veille, les deux escrocs firent semblant d'enlever l'étoffe de leurs métiers, puis coupèrent dans l'air avec de gros ciseaux, cousirent avec des aiguilles sans fil, et

s'exclamèrent enfin : « Les habits sont prêts ! »
Puis, soulevant les bras en l'air, comme s'ils tenaient quelque chose, ils déclarèrent : « Voici le pantalon ! Voici la veste ! Voici le manteau ! Aussi légers qu'une toile d'araignée. »
L'empereur ôta alors tous ses vêtements et les escrocs firent comme s'ils lui tendaient une à une chaque pièce, tout en l'aidant à les enfiler. « Dieu comme cela vous va bien, Majesté ! » s'exclama toute l'assemblée.
« Cela me va-t-il vraiment bien ? » demanda l'empereur. Et il se tourna une énième fois devant le miroir, faisant semblant de contempler son nouveau costume.
Le lendemain, l'empereur prit la tête du cortège, et tous ceux qui se trouvaient dans la rue disaient : « Les habits neufs de l'empereur sont admirables ! » Personne ne voulait laisser paraître qu'il ne voyait rien, pour ne pas être jugé comme un incapable ou simplement un sot.
« Mais il n'a pas d'habit du tout », cria soudain un enfant. Des murmures se propagèrent alors dans la foule, quand enfin tout le monde se mit à crier : « Mais il n'a pas d'habit du tout ! »
L'empereur frissonna, car il lui semblait bien que le peuple avait raison, mais il décida de résister, se parant jusqu'au bout de la cérémonie de la plus solennelle des allures.

Le Petit Poucet

Il était une fois un bûcheron qui avait sept fils. Le dernier, pas plus haut qu'un pouce, avait reçu le nom de Petit Poucet. Si, avec le temps, il ne grandit pas même d'un centimètre, en revanche il devint vif et futé. Un jour, le village fut frappé par une grave pénurie et le bûcheron, contraint de partir chercher du travail ailleurs, confia ses enfants à une lointaine parente. Mais celle-ci se révéla bien vite une vilaine femme et, à peine leur père eut-il le dos tourné, elle décida de se libérer des enfants en les abandonnant dans la forêt. Heureusement, le Petit Poucet, qui s'était caché derrière la cheminée, avait entendu la mégère faire part de ses intentions et il échafauda un plan.

Le lendemain, avant de partir en forêt, il remplit ses poches de petits cailloux blancs, qu'il laissa ensuite tomber un à un en chemin. Ainsi, lorsqu'ils se pensèrent perdus, les enfants n'eurent qu'à suivre les cailloux pour rentrer chez eux. Mais leur tante ne s'avoua pas vaincue, et le lendemain elle emmena la fratrie plus loin encore dans les bois. Cette fois, le Petit poucet n'eut le temps de recueillir que quelques miettes de pain, qu'il dispersa le long du sentier. Mais quand les enfants découvrirent que les oiseaux les avaient mangées, ils éclatèrent en sanglots. Le Petit Poucet les rassura : il avait aperçu une maison au loin. Ils frappèrent à la porte, et une femme leur ouvrit avant de les prévenir qu'un terrible ogre habitait là. Celui-ci rentra peu de temps après et, sentant une présence de chair fraîche, se mit à chercher de toutes parts. Le Petit Poucet et ses frères eurent tout juste le temps de s'enfuir dans la forêt. Furieux, l'ogre les poursuivit, mais le garçonnet avait plus d'un tour dans son sac : il attacha une corde entre deux arbres et attendit que le monstre trébuche et finisse au fond d'un ravin. Les enfants exultèrent ! Ils se rendirent alors auprès de la bonne femme pour lui dire que le monstre ne reviendrait plus jamais ! Folle de joie, elle décida de leur faire don de tout l'or que son mari avait caché dans sa cave. Le Petit Poucet et ses frères purent ainsi rentrer chez eux, où ils retrouvèrent leur père, tout juste arrivé, qui les serra dans ses bras et leur promit de ne plus jamais les quitter. « Ne t'inquiète pas, tu n'auras plus besoin de partir ! » lui dit le Petit Poucet en déversant à ses pieds des centaines de pièces d'or.

Le lion et la souris

Alors qu'un lion dormait sous un arbre, des souris de campagne s'amusaient sur une branche d'arbre en se donnant la chasse. Mais l'une d'elles trébucha et atterrit, bien malgré elle, sur la tête du roi de la forêt ! Ce brusque réveil fit enrager la bête qui, d'un bond, se saisit de la souris, bien décidé à n'en faire qu'une bouchée. Le petit rongeur, prisonnier des griffes du fauve, tremblait de tous ses membres. Ne voyant d'autre issue, il le supplia de le pardonner, lui promettant en retour une éternelle reconnaissance.
Le lion se mit à rire et, amusé, le laissa partir. Comment une si petite bestiole aurait-elle pu lui venir en aide, lui le grand et redoutable seigneur de la forêt ?
Quelques jours plus tard, le lion tomba dans un piège tendu par des chasseurs et, malgré tous ses efforts, resta bloqué sans pouvoir bouger ni se libérer. La souris, qui avait entendu ses terribles rugissements, accourut pour l'aider, tenant la promesse qu'elle lui avait faite. Spécialiste en la matière, elle se mit à ronger les cordes qui enserraient la bête, laquelle fut libérée en un clin d'œil et bondit aussitôt hors du piège.
La souris lui dit alors : « Il y a quelque temps, tu t'es moqué de moi parce que tu ne pensais pas que je pourrais un jour m'acquitter de ma dette. Tu sais maintenant que même les plus petits peuvent apporter une importante aide aux plus grands ! »

La vieille dans la forêt

Une jeune servante traversait la forêt avec ses maîtres, quand leur voiture fut attaquée par des bandits. La jeune fille parvint à s'enfuir mais elle se retrouva seule dans les bois, sans savoir où aller. Quand vint la nuit, elle s'allongea sous un grand chêne pour dormir. Vint alors se poser près d'elle une blanche colombe qui tenait une petite clef en or dans le bec, et lui dit : « Tu vois l'arbre là-bas ? Si tu regardes bien, tu trouveras une petite serrure dans le tronc ; en l'ouvrant avec cette clef, tu découvriras de quoi manger et boire en abondance. » La servante suivit les instructions et put ainsi se rassasier, et comme elle s'apprêtait à dormir par terre, la colombe revint vers elle avec une autre petite clé en or et lui dit : « Ouvre l'arbre que tu vois là-bas, tu y trouveras un lit confortable. » La jeune fille put ainsi passer une bonne nuit dans le lit le plus agréable qu'elle ait jamais trouvé. La colombe réapparut le lendemain matin avec une nouvelle clé et lui dit : « Si tu ouvres cet arbre, là-bas, tu y trouveras des robes. » Les vêtements qu'elle découvrit étaient dignes d'une princesse.

La jeune fille vécut ainsi pendant un temps dans la forêt, la colombe revenant chaque jour et s'occupant de tout ce dont elle avait besoin. Puis, un matin, l'oiseau lui demanda : « Voudrais-tu me rendre un service ?

– Tout ce que tu veux !
– Je vais te conduire à une maison où tu trouveras une vieille femme : quoi qu'elle te dise, tu ne dois lui répondre à aucun prix. Tu ouvriras une porte sur ta droite, et entreras dans une chambre au milieu de laquelle tu verras sur une table un tas de bagues. Ne t'occupe pas des plus précieuses, prends la plus ordinaire et apporte-la moi le plus vite possible. »
La jeune fille suivit les instructions de l'oiseau mais, une fois dans la chambre, elle ne parvint à trouver la bague en question. Quand soudain, du coin de l'œil, elle vit la vieille qui se glissait vers la porte en tenant une cage. D'un bond, elle fut sur elle et s'empara de la cage dans laquelle se tenait un oiseau avec un anneau dans le bec. Elle le saisit aussitôt et se mit à courir jusqu'au grand chêne. Il lui sembla alors que les branches l'enlaçaient comme des bras et, peu à peu, l'arbre laissa place à un beau prince qui lui dit : « Tu m'as délivré du pouvoir de cette méchante sorcière qui m'avait jeté un sort. Jalouse, elle m'avait transformé en arbre il y a bien longtemps, et la seule liberté qu'elle m'autorisait était de voler quelques heures par jour sous la forme d'une colombe. » Est-il bien utile de dire que les deux jeunes gens tombèrent follement amoureux, se marièrent et vécurent très heureux ?

Jack et le haricot magique

Un jour, la mère de Jack lui demanda d'aller vendre leur vache au marché : « Cette vache est tout ce qui nous reste : ne te laisse pas faire et tente de la vendre au meilleur prix ! »
Le garçon rencontra en chemin un marchand qui lui proposa de lui vendre la vieille bête plutôt que de la traîner jusqu'au marché. En échange, il lui donnerait un haricot qui renfermait des pouvoirs magiques ! Jack accepta mais, lorsqu'il retourna chez lui, sa mère entra dans une colère noire et finit par lancer le haricot par la fenêtre.
Le lendemain, une surprise les attendait : un pied de haricot gigantesque avait poussé dans leur jardin. La plante était si haute qu'elle se perdait dans les nuages. Telle était du moins l'impression de Jack, qui commença à grimper pour voir jusqu'où elle arrivait. Arrivé au ciel, le jeune homme aperçut au loin un château. Intrigué, il approcha, traversa le pont levis et entra dans une pièce immense au fond de laquelle se trouvait un énorme fauteuil où dormait un ogre ! Jack eut à peine le temps de se cacher derrière une tenture que le monstre se réveilla, reniflant l'air : « Ça sent la chair fraîche ! s'exclama-t-il. Je mangerais bien un tendre garçon pour le dîner ! » Jack était terrorisé, mais très curieux aussi : il repoussa légèrement le rideau et aperçut l'ogre entouré de bourses pleines d'or, dorlotant une poule qu'il tenait dans les bras. Alors qu'il caressait l'animal, celui-ci s'accroupit et pondit deux œufs en or. « Si je pouvais ramener cette poule à ma mère... », pensa Jack.
Dès que l'ogre eut tourné les talons, le garçon s'empara du gallinacé et, tout en le serrant contre lui, sauta de la tour du château et se mit à courir de toutes ses forces. Mais la poule caquetait si fort que l'ogre se retrouva bientôt à la poursuite du jeune homme.
Jack parvint au sommet de la plante et se mit à descendre à toute vitesse, non sans risquer de tomber dans le vide lorsque l'ogre s'agrippa à la plante pour le suivre. Il n'y avait pas une minute à perdre : dès qu'il atterrit, il courut chercher une hache et se mit à abattre la plante. Les bottes de l'ogre apparaissaient à travers le feuillage quand, enfin, la plante céda, faisant dégringoler le monstre à terre. En entendant le vacarme, la mère de Jack se précipita dehors, accueillant son fils qui lui montra fièrement la prodigieuse poule aux œufs d'or, grâce à laquelle la famille n'eut plus à endurer la faim.

Peau d'Âne

Il était une fois un roi dont le château regorgeait de trésors, en particulier un âne qui avait le don de transformer la paille en or d'un coup de sabot ! Mais son trésor le plus précieux était sa femme, qu'il aimait plus que tout au monde. Hélas, un jour la reine tomba gravement malade, les meilleurs médecins furent appelés à son chevet mais aucun ne put la sauver.

Inconsolable, le roi refusa de prendre une nouvelle épouse et décida de marier sa fille au plus sage de ses conseillers, auquel il céderait le trône.

Mais quand vint le jour du mariage, la princesse se rendit compte que l'homme qu'elle devait épouser était vil et cruel. Désespérée, elle tenta de repousser les noces en demandant à son père trois robes : la première d'or comme le soleil, la seconde d'argent comme la lune et la troisième brillante comme les étoiles. Quand les robes furent prêtes, le roi demanda à sa fille si elle désirait autre chose. « Je voudrais un manteau confectionné dans la peau de votre âne magique » répondit la princesse, certaine que son père ne se résoudrait jamais à sacrifier son précieux animal. Mais le souverain lui donna ce qu'elle voulait.

La princesse comprit alors qu'il ne lui restait plus qu'à s'enfuir : elle prit ses trois fines robes, qu'elle plia et replia tant de fois qu'elle parvint à les faire entrer dans une coquille de noix, puis, après s'être souillé le visage de suie, elle endossa sa peau d'âne et quitta le palais.

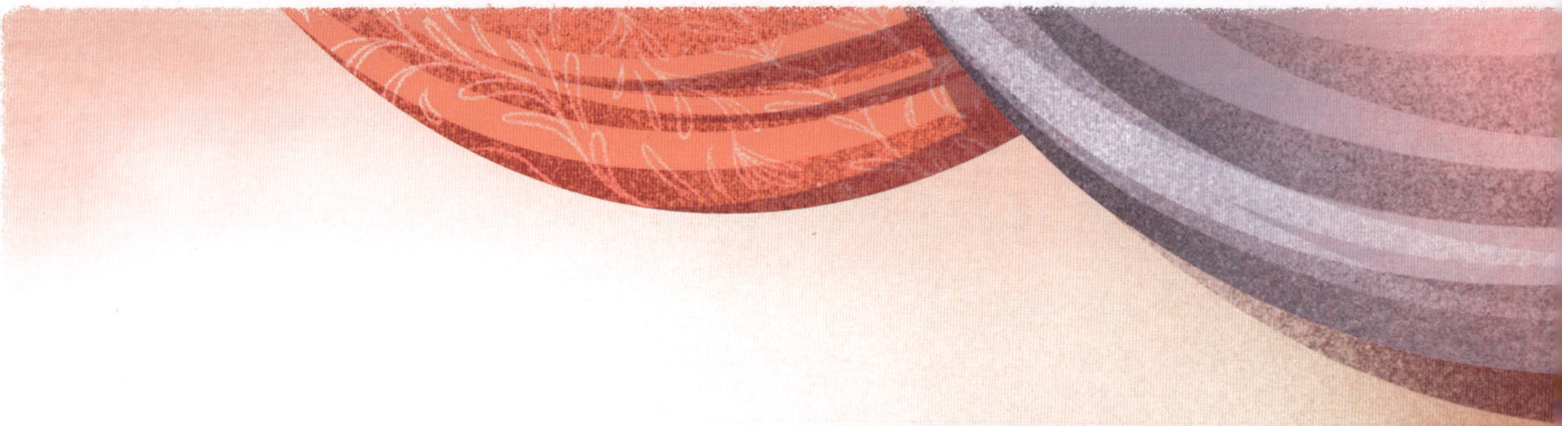

Elle fit halte dans une ferme, où la propriétaire lui proposa de rester travailler en échange d'une petite remise en guise de chambre. Les autres domestiques de la ferme la surnommèrent Peau d'Âne car elle ne se séparait jamais de son manteau.
Un jour, tandis qu'elle était assise près de la fontaine, elle aperçut son reflet dans l'eau. Elle fut tellement effrayée de se voir si sale et négligée qu'elle décida qu'une fois par semaine elle prendrait soin d'elle et revêtirait, quand elle serait seule, chacune de ses trois merveilleuses robes. Or, un jour de fête où Peau d'Âne avait choisi de porter sa robe couleur soleil, le fils du roi fit s'arrêta à la ferme. En attendant que lui fût servi un repas, il se mit à déambuler dans les basse-cours et les étables. Il aperçut au bout d'une allée une petite porte et, curieux, lorgna par le trou de la serrure, découvrant la plus belle des personnes, dont il s'éprit sur le champ.
Dès lors, rien d'autre ne l'intéressa que de la retrouver. Il fit venir à la cour la propriétaire de la ferme, qui affirma que dans la remise ne vivait qu'une servante, une souillon, qui savait toutefois préparer de merveilleux gâteaux.
Quelques jours plus tard il en reçut un, préparé de la main de Peau d'Âne qui, par mégarde, avait fait tomber dans la pâte une fine bague en or que le prince se retrouva en bouche. Le prince reconnut immédiatement l'anneau pour l'avoir vu au doigt de la splendide fée qui l'avait envoûté, et dit à sa mère : « Cette bague est si petite qu'elle ne peut aller qu'à la jeune fille dont je suis tombé amoureux. » La reine fit alors convoquer toutes les damoiselles du royaume, qui se présentèrent par centaines. Mais aucune ne parvint à enfiler le fin bijou.
« A-t-on également fait venir cette personne du nom de Peau d'Âne qui m'a préparé un gâteau ? » s'enquit le prince. On donna aussitôt l'ordre de l'amener à la cour. Ainsi les pages s'en allèrent-ils chercher la servante à la ferme. À peine eurent-ils frappé à la porte que Peau d'Âne enfila sa robe couleur de lune, dissimulée sous son manteau. Arrivée au palais, elle passa l'anneau sans la moindre difficulté puis laissa tomber son manteau,

révélant à la cour toute sa beauté. Le prince la reconnut immédiatement et la demanda aussitôt en mariage. Mais avant de l'épouser, Peau d'Âne tint à lui raconter son histoire et déclara qu'elle ne pouvait se marier sans l'accord de son père. Le roi fut donc le premier invité et, lorsqu'il vit sa fille, il en pleura de joie et consentit sans tarder aux noces, qui furent célébrées le jour même.

Les fées

Il était une fois une veuve qui avait deux filles. L'aînée lui ressemblait tant dans les traits que par le caractère : elles étaient toutes deux si antipathiques et prétentieuses qu'il était impossible de leur adresser la parole. La cadette, en revanche, était appréciée de tous pour sa gentillesse et son incroyable beauté. Mais sa mère la traitait avec mépris et l'obligeait à travailler dans la maison sans relâche. Chaque jour, elle devait se rendre à une source lointaine en portant un lourd broc de terre cuite qu'elle devait remplir d'eau fraîche pour toute la famille. Mais cette corvée ne déplaisait guère à la jeune fille, qui en profitait pour savourer un instant de tranquillité dans les bois. Tandis qu'elle remplissait son broc, une vieille femme en haillons approcha et lui demanda à boire. « Bien sûr ! » répondit la jeune fille, en lui tendant fermement la cruche pour qu'elle puisse se désaltérer. Et voyant qu'elle tremblait de froid, elle voulut aussi lui offrir son manteau. « Je te remercie, mais je ne peux accepter. Tu as déjà été trop gentille », répondit la femme tandis que sa voix et son aspect se transformaient. La jeune fille assista stupéfaite au spectacle qui se déroulait sous ses yeux : la vieille paysanne disparut en un instant et, à sa place, apparut, sourire aux lèvres, une très belle femme à la chevelure et aux yeux couleur de glace.

« Qui êtes-vous ? murmura-t-elle

– Une fée, ma chère. Je suis ici pour prouver à mes sœurs qu'elles se trompent lorsqu'elles affirment que la gentillesse a quitté le monde des humains, et tu en es la preuve !

Pour fêter ton bon cœur, je veux te faire un don : à chaque parole que tu prononceras, de ta bouche sortira une fleur ou une pierre précieuse. »
Quand la jeune fille fut de retour, sa mère la réprimanda durement pour son retard. « Je vous demande pardon... », mais avant même de pouvoir continuer son récit, trois roses, deux perles et quatre gros diamants sortirent de sa bouche. « Où as-tu trouvé ces bijoux ? » s'enquit la mère en ramassant au sol les pierres précieuses. Sa fille lui raconta alors son incroyable rencontre, tout en laissant échapper de ses lèvres une montagne de rubis.
Sa mère s'empressa d'appeler sa fille aînée : « Va immédiatement à la source ! Tu y trouveras une vieille femme, sois gentille avec elle : il faut que tu profites du don extraordinaire que vient de recevoir ta sœur ! »
L'aînée mit ses vêtements les plus chauds, emporta avec elle une cruche en argent et, à contrecœur, se rendit à la source. Elle vit sortir du bois une dame merveilleusement vêtue, aux yeux et à la chevelure de glace, qui s'approcha pour lui demander à boire. Ne reconnaissant pas la vieille femme dont lui avait parlé sa mère, elle répondit avec

arrogance : « Je ne suis pas là pour vous donner à boire ! Servez-vous toute seule ! »
La fée répondit : « Avant que tu t'en ailles, je voudrais te faire un don qui te siéra à merveille : à chaque mot que tu prononceras, un crapaud sortira de ta bouche. »
Dès que la jeune fille fut rentrée, sa mère s'empressa de lui demander : « Alors, comment cela s'est passé ?
- Ça s'est passé comme ça s'est passé ! répondit sa fille tout en crachant trois crapauds.
- Tout ça, c'est de ta faute ! » hurla la mère en s'élançant sur la plus jeune, qui eut tout juste le temps de s'enfuir dans les bois.
C'est là qu'elle rencontra le fils du roi qui rentrait d'une partie de chasse. Le jeune homme lui demanda alors ce qu'elle faisait seule dans la forêt. La jeune fille lui raconta toute l'histoire, tandis qu'elle laissait tomber sur la neige des émeraudes et des diamants.
En l'écoutant parler, le fils du roi tomba amoureux d'elle, et il l'amena à la cour pour la présenter à son père qui, appréciant la valeur d'un tel don, approuva le mariage.
Quant à la sœur aînée, la honte que lui procurait l'abject don reçu fut telle qu'elle s'enfuit du village et disparut à jamais dans les bois.